# CINQ MÉDITATIONS SUR LA MORT

## Autrement dit sur la vie

François Cheng

# 死亡的五次沉思

## 换言之，生命的沉思

〔法〕程抱一　著
裴程　译

创于1897 商務印書館 The Commercial Press

François Cheng

de l'Académie française

**CINQ MÉDITATIONS SUR LA MORT**

**Autrement dit sur la vie**



本书根据法国阿尔班・米歇尔出版社 2017 年版译出

# 目　录

# 法文版出版者前言

为了阐明有关美的主要思想，程抱一曾经认为有必要借助口述，采取与有血有肉的对象近距离谈话的方式进行交流。正如陀思妥耶夫斯基所说，程抱一也认为，美所涉及的问题不是别的，实际上就是拯救世界。《美的五次沉思》[①]最初出自他与一群友人的五次难忘的晚间交谈，然后著述成书，与更广大的读者分享。

七年后，这位八十四岁高龄的诗人又一次迫切地感到，有必要谈谈死亡。谈死亡，换言之，就是谈生命。因为他的观点处在中西方思想的一个交点，发自对“开放生命”的洞察。他认为美是一个迫切的生存问题，容

---

① 法文版：*Cinq méditations sur la beauté*, Paris, Albin Michel, 2006；中译版：《美的五次沉思》，朱静、牛竞凡译，人民文学出版社，2012年。（如无特别说明，本书脚注均为译者所加。）

不得慢条斯理地作学术文章，死亡问题更是如此！因而他理所当然地使用了同样的方法，即交谈和著述相辅相成。[①]

这里的沉思也是交谈的成果，烙下了诗人和听众之间交换思想的印记。本书的读者也可以通过阅读参与交谈，成为被作者称为“亲爱的朋友”的一员。读者由此可以聆听一位步入晚年的老人真诚地谈论一个被许多人回避的话题。他以前也许从未如此恳切而直率地敞开自己，谈论自己的亲身感受。他并不意图为生后的彼世做出什么“提示”，或者进行某种说教，而是要见证一种视野。一种上升的视野，它要转变我们对人类生存的固有看法，邀请我们通过自身的死亡来正视生命。因为在他看来，死亡的意识赋予我们的命运新的意义，这个命运属于一个大生命的历程。

因此，正如美的沉思一样，我们面对的是一种螺旋

---

① 与《美的五次沉思》（阿尔班·米歇尔出版社，2008年）出版之前的聚会一样，这五次聚会仍然是在全法瑜伽协会美丽的瑜伽大厅里举行。我们在此向协会尤其是依塞·塔尔丹-马斯克利尔（Ysé Tardan-Masquelier）先生和巴特里克·托马提斯（Patrick Tomatis）先生表示衷心的感谢。——原注

上升式的思考，它对某些论题和用词反复探讨，以求深化。同时，这种思考也会遇到语言自身的局限，因为总会有一个时刻，死亡让我们无话可说。于是只有沉默……或者使用变形的诗化语言。正因为如此，第五沉思借助诗歌超越死亡，咏唱绝响。

让·穆塔帕

# 第一沉思

亲爱的朋友们，谢谢你们来到这里，谢谢你们以出席充实了这个接纳的场所。在这个事先约定的时刻，在昼夜之交，我们聚集在一起。从这一刻起，我们之间共同的语言将织成一条金丝把我们连接，一起探索一个可以分享的真理。

然而只需略加思索，就不得不承认，我们都经历了长途跋涉。我们都各自承袭了一个悠久的世系，它由不为我们所知的先辈代代相传。这种错综复杂的血缘关系不由我们选择，却决定了我们每一个人。我们并非一定要有意愿或能力聚集此地，为相聚这个简单的事实寻找某种意义。我们是否真的迷失在一个神秘莫测的宇宙之中？是否真的如许多人所说，那里的一切都是纯粹的偶然？宇宙为什么存在？我们不知道。我们为什么存在？我们也一无所知，或者说几乎一无所知。还是那句话，在许多人看来，宇宙一日偶然降临。最初，某个极端密集之物体突然爆炸，化作亿万万碎片。又过了许久，某一天，在某一碎片之上，偶然出现了生命。几个化学元素在几乎不可能中相撞，就这样，“那东西”成了！进程一旦启动，“那东西”便不断发育生长、繁衍、变异，直至我们称作“人类”的存在到来。与巨大的抑或无限的宇宙相比，这些存在有何意义可言？出现生命的那个碎片是否大小如同一颗沙粒，混在无数的碎片之中？根据一个普遍接受的观点，有朝一日，人类将消失，生命将灭绝，除了一具干壳，不会留下丝毫痕迹，宇宙也不会知晓。照此看来，我们今天晚上如此自作多情地聚在一起，煞有介事地谈论死亡，并由此谈论生命，岂不是很可笑，甚至很荒唐吗？

然而怎能否认，我们之所以聚在这里，是因为生和死的确是一个问题，而且挥之不去？问题存在本身就是一条线索。假如我们的存在根本不可能有任何意义，我们也就不会产生是否有意义的想法。我们知道，人类从一开始就对自己在宇宙中的出现发问。人类对宇宙了解甚微，却爱得很深。我们也为生死问题的困扰而焦虑，因为我们知道自己会死亡。死亡不留给我们丝毫喘息之机，把我们逼到绝境。也许就是出于这个原因，我贸然来到你们中间。面对这个问题，我并没有什么专长。我的身份平平无奇，简单的几句话就可以概括：我差一点就在年轻时死去，结果活到了今天，算是长寿了；我把很多时间——几乎所有的时间——用来读书和写作，尤其是思考；我同时属于欧亚大陆两端的文化，它们之间的差异如此之大，使我既感到被撕裂，又感到被充实——假如我能够把握二者最精华的部分。我所说的一切都会带有这种对照印记，那是我一辈子的经历。

首先需要声明，我属于坚信生命秩序的那一部分人。对于我们而言，生命绝不是宇宙非凡历程[①]中的一个无足轻重的现象。我们不能接受这样一种观点：宇宙是纯粹的物质，没有意识，亿万年以来，它自始至终不知道自己的存在。而这个不知自己所在的宇宙，产生了

① 程抱一用aventure这个词来表述生命世界的运动和变化进程。该词最通常的含义是“历险”或“奇遇”。程抱一所指的是生命世界变幻莫测的运行，个体由生到死，从而变体和超越，汇入更高层次的生命秩序。所以这里的“历险”包含了生命最本质的特征，即面向开放的进程。根据这一层意思，此处译为“历程”。

有意识的和能动的存在；这些存在物于自身消亡前的一瞬间，看见过，知道过，爱过。所有这一切似乎都是徒劳的……不，我们绝不能认同这种如今变得习以为常的虚无主义观点。诚然，我们承认物质的所有价值，否则存在便不再可能。我们也看到物质的缓慢进化，直至生命的萌发。但是在我们看来，宇宙的降临从一开始就包含了生命的秩序。而精神作为这个秩序的载体，并非简单的物质衍生。它属于本原，并因此属于生命从出现直至展现出令人眼花缭乱的复杂性之全过程。我们对人类命运的悲剧性并非无动于衷，但我们依然沉浸于深不可测的生命之中，饱尝未知的承诺和不可言状的感动。

就个人而言，我有另外一个理由加入为生命辩护的行列：我来自一个曾经被人们称作“第三世界”的国家。我们曾属于受过磨难的一类人，经历无尽的身竭心碎之煎熬，承受痛苦和死亡。我们难得命运垂怜，哪怕获得一丝生机，都如获不期而遇的至宝。我们几乎被剥夺了一切，却有理由对生命无限热爱：因为生存虽然让我们饮尽了苦水，却也偶尔让我们尝到无穷的滋味。

所以我们这些人拒斥任何形式的虚无主义，承认自己接受生命的秩序。从某种意义上说，这就是回归“道”的感悟——无论我们接受何种教育和信仰。生命世界之无极大道向我们展示：生命之气从虚无中使一切降临。某些物质论[①]者说“一切皆无”。同样我们也说“无”，不同的是，在我们看来“无”意味着一切。所以，我们要借用道家鼻祖老子的一句话：“天下万物生于有，有生于无。”[②]

我们面临的是一个奥秘，它似乎超出了我们的理智所能及的范畴。或许也并非完全如此。虽然我们的存在微不足道，但我们对“无”多少有一点内在的体验，毕竟我们都会死亡。死亡让我们切身感到从有到无的不可思议的进程；它让我们思考非存在的状态。一生中，我们每一个人都会或近或远地面对亲人或不相识之人的死亡。从另一个角度来说，我们自己也“死过”多次。由

① 程抱一此处是指那些只相信物质世界随机运行、生命和精神仅仅是物质运动的偶然产物的观点。为了区别于通常的马克思主义“唯物论”的概念，译者将matérialisme翻译为“物质论”。

② 出自《道德经》，第四十章。

此就形成了一种死亡——个体死亡或种群死亡——无所不在且无所不能的意识。然而奇妙的是，直觉让我们认识到，恰恰是对死亡的意识使我们视生命为至宝，将生命的降临当作世间任何事物都不可取代的唯一历程。

但是，我们的沉思在推进一步之前，遇到了死亡本身之谜，一个双重之谜：一方面，我们无法勾勒死亡的事实——一旦过了那个终极界限，没有人回来作证；另一方面，我们也无法具体想象一个没有死亡的生命秩序。我们都想永生，这个愿望合情合理：既然被卷入这样一种考验重重的历程，我们有权向往永生。然而我们能否对通常所说的“永生”有一个正确的看法？我们是否了解谈论这样一种生命秩序所必需的条件和要求？哪怕仅仅为了获得一个看法，我们也必须努力进行异常大胆而艰难的想象。我们将在最后一篇沉思中回过头来谈论这个问题。

眼下，让我们暂时根据此生的经历，对一种根本不知死亡存在的生命作一个假设。这些人一如既往地存在，永远生活于当世。其实，诸如“一如既往”和“当世”之类的词汇可能不会出现在他们的语言里，因为他们存在的世间里没有时间。既然一切都是现成的，他们也就没有任何流逝或更替的概念，更不会有变更和变形[①]的概念。一切都可以重复或延迟，因而他们不可能产生不可阻挡、不可抑制的实现某个愿望的冲动。生存对于他们来说是本来如此，可以无限继续，而不是不可期待、不可替代的馈赠，所以他们不会对生存产生任何惊奇和感恩。

不必在这个假想的世界里走得更远。这个描述已经足以让我们认识到生命概念的本质意义。我们会想到一个似乎可以概括生命概念的词，就是“变化”。是的，这才是生命：某个东西“来临”、“变化”。一旦来临，生命便投入“变化”的进程。没有“变化”，就没有生命；生命之所以是生命，就在于不断地“变化”。于是，我

① transfiguration是新约圣经中的核心概念，指耶稣死后三天复活升天。在教义中通常译为“变容”。程抱一引用这一概念，并在诗文中常常与“变更”（transformation）、“变体”（métamorphose）、“嬗变”（transmutation）等概念并用，借以阐发生命存在的层次性和超越性。死亡之所以是生命的一个阶段，并非指生命在死后会在同一个世界转世再现，而是指生命通过死亡实现提升，在另一个层次上存在。程抱一结合中国道家思想的观点认为，“人法地，地法天，天法道，道法自然”的思想所阐发的，就是存在的层次性。所以，他关于死亡、灵魂等问题的沉思，超出通常宗教乃至迷信意义上所谓的“灵魂不死”或“转世轮回”的范畴，而是对生命进行本体论意义的探讨。

们就意识到时间的重要性。这一切都发生在时间之中。而时间恰恰是死亡给予我们的限定。生命-时间-死亡，三者不可分离，除非转换一下顺序：死亡-时间-生命。我们可以任意转换顺序，却无法逃脱这三个关联和相互作用的因素，它们共同决定了生命现象。时间似乎是吞噬生命的怪兽，同时又是生命的源泉。我们受它的控制，这是投入生命"变化"进程必须付出的代价。这个控制体现为生和死无休止的循环；它决定了人类命运之悲剧性的条件，同时也是人类命运之崇高性的基础。

肉体的死亡是导致人们忧虑、恐惧的根源。它甚至会被恶人利用，变成行恶的极端工具——我们将在另一篇沉思中专门讨论这个问题。然而我们也会惊奇地发现，肉体死亡是生命必不可少的条件。根据不同的视角，这个发现会让我们震惊，也会让我们沉静。因为死亡可以被视为我们的存在最内在、最隐蔽、最私密的那一部分。它可以成为生命围绕其展开的必然环节。从这个意义上说，圣方济各在《创造物的颂歌》[①]里把死亡

---

① 《创造物的颂歌》(*Cantique des créatures*)，又名《太阳兄弟的颂歌》(*Canticum Fratris Solis*)。

称作“我们的姐妹”，可以说是一个重大的变革。于是一个观点的转变展现在我们面前：与其从生命的这一边把死亡作为一个可怕的怪物来揣度，不如从死亡的那一边去面对生命。[①]基于这样一种姿态，只要我们还活着，就总是保持着向往生命的奋进，那就是我们行为的方向。

如果不作这个观点的转变，我们就会继续受这样一种封闭的意识支配：无论我们做什么，我们的生命最终都将虎头蛇尾，结局只能归于“虚无”。这种意识无异于把生命视为等待执行的死囚，死期延迟，但终将来临；或者视生命如狂人飙车，目空一切的飞驶，车祸虽然不可预计，但是不可避免。相反，如果从对死亡的深刻认识出发来面对生命，我们就会获得一个更为开阔的

---

① 程抱一在这一句话里使用了dévisager和envisager。这两个词的词根都是visage，即“面孔”。dévisager的字面意思是“注视”“审视”，将其与一个概念（死亡）联用，是程抱一的引申，此处译为“揣度”。envisager的字面含义包括“思量”“打算”“筹划”等，根据作者阐述的思想，此处译为“面对”。把这两个词连用，从而提出对“生”和“死”问题的两种态度，是程抱一的创新，不仅声韵和谐，而且含义对称。这种句法不仅体现了程抱一遣词造句的诗化匠心，也让读者看到中文语境对他的影响，即在对仗和排列中赋予相关词“节外生枝”的蕴意。

视野，因为从生命本原进程的意义上说，我们属于这个重大历程的一部分，我们生存的每一刻都是向本原生命的一次奋进。

*

我们的沉思在这里到达一个转折点。为了帮助我们把沉思推进一步，不妨回顾一下对死亡问题做过认真思考的先辈的看法。我们可以像海德格尔那样，越过哲学思辨，听听诗人是怎么说的。这倒不是因为诗意和激情，而是因为诗人灵感的闪光和启示，以及他们非凡的具象表述力。[①]比如奥维德、但丁、英国形而上学派诗人、弥尔顿、艾略特；还有法国诗人，诸如波德莱尔、佩吉、瓦莱里和克洛岱尔等。不过最具独特见解的诗人，无疑是里尔克。从他著名的早期作品

① 在程抱一的论述中，可以明显看出基督教“道成肉身”（Incarnation）观念的影响。他将这个圣道降生为肉体、以身践行的思想与中国道家思想相结合，提出了真理的肉体性观点（比如在《说灵魂》中提出的肉性灵魂概念）。他不仅接受“人法地，地法天，天法道，道法自然”的思想，同时认为天道不是抽象的超越，而是具体存在，即“道成肉身”。根据这个观点，超越不是生后或彼岸的未来，而是实践于生命的每时每刻。根据语境，本书将与incarnation相关的表述译为“体现”或“具象”。

《主啊，赐给每人他自己的死吧！》到最后的《杜伊诺哀歌》，死亡是他一生思考的中心问题。我建议用一点时间，听听他的声音。如果我不这样做，那就是失误。因为我完全赞同他的观点，这一点从我第一次阅读《主啊，赐给每人他自己的死吧！》开始就显得不言而喻。

那是1948年底，我刚到法国不久；我还不满二十岁。我对这首诗产生了极为强烈的共鸣①，甚至觉得从中听到了自己的声音。请允许我顺便提一句，在此之前，我的童年和少年都笼罩在战争的硝烟之中：先是抗日战争（1937—1945年），1946年又爆发了内战。动荡的中国陷入黑暗和贫困。我们生活在战争、逃难、轰炸以及几乎与死亡同名的疾病（肺结核、疟疾、脑膜炎、霍乱……）当中。在那段漫长的岁月里，我们可以说命悬一线。我的同龄人都曾想过自己可能随时

① 程抱一常常在诗作和论著中使用"共鸣"（résonance）一词，表达超越理性意识层面的一种更深层的交流。其最高表现形式就是艺术和诗，也即中国传统审美的"神韵"。程抱一认为，这种境界只能通过灵魂的感应才能进入。他曾经这样概括理性和灵魂两个不同层面的交流的区别："理性推理，灵魂共鸣；理性运动，灵魂感动；理性交流，灵魂共体。"参阅程抱一：《说灵魂》，"第三封信"，裴程译，商务印书馆，2021年。

丧命，我体弱多病，便更是如此。然而我们求生的欲望从未如此强烈。我们对生存抱着无尽的渴望。一缕阳光、一滴露珠能使我们血脉偾张；一口豆奶、一颗野果会令我们回味无穷；我们也体验到爱情的炙热和煎熬、甜蜜和苦涩。

许多年以后，我第一首用法文作的诗就是这种经历和心境的写照：

我们饮尽露水
付出热血青春
任凭野火焚烧千百回
大地感谢我们依然生存。[①]

所以我很早就意识到，正是由于死亡临近，我们才会对生命具有强烈的紧迫感；尤其因为死亡在我们

---

① 据程抱一自述，这首诗大约写于1958—1960年，也就是他到法国十年后，当时他还处于学习法语阶段。这首诗第一次发表于1993年海墨出版社出版的诗集《四季一生》（*Saison à vie*）。在2015年与记者弗朗索瓦兹·西里（Françoise Siri）的访谈中，他曾经表示希望将来把这首诗刻在自己的墓碑上。

自身之中，像一块磁石，将我们吸引向一种实现的方式。果树就是这样在死亡的作用下，无可抗拒地实现生长的每一个阶段，从长出绿叶到开花，最终结果。果实既体现了存在臻于完善的阶段，同时也意味着接受终结，坠入泥土。我从十五岁就开始写作，我的实现方式就是诗。我不只一次对自己说："无论此生长短，但愿我死于属于自己的死亡，死于诗人。"死于诗人，也就是像济慈、雪莱他们那样，我的房间里就挂着他们的画像。

现在让我们来念一段里尔克《贫穷与死亡之书》里的那首诗：

主啊，赐给每人他自己的死吧。
这个死，来自他的生，
内含他的爱、意义和苦难。
因为我们只是叶与果皮。
每个人身里拥有巨大的死，
那就是让一切围绕自己改变的果实。
因为果实，少女们有一天站起，

树一般从琉特琴里涌现，
少年们做着男人的梦，
向女人倾诉，
往日无人理解的恐惧。
在果实中，一切被见之物
成为永恒，尽管久已流逝，
所有开创和建造者们
形成围绕果实的世界，
使其冰封、融化，栉风沐光。
那果实吸收了一切温暖：
心脏和大脑白色的炙热。
但是主啊，你的天使们如织云的群鸟
飞过；发现果实依然青涩。[①]

里尔克表达了一个强烈的愿望，每一个人死于属于

① 所引里尔克诗句采用了诗人的朋友莫里斯·贝茨（Maurice Betz）的法文翻译，作者略加修改（埃米尔-保尔兄弟出版社，1938年）。——原注

［本书所引里尔克诗的中译均参考了《里尔克诗全集》，陈宁、何家炜译，商务印书馆，2016年。——译者］

自己的死亡，因为它如同果实，与生俱来。而且他见证了我们都看到的事实，果实落地归根；它们肥沃土壤，促使再生。根既是死亡的归宿，又是诞生的发源地。同样，在另一些诗里，他劝告人们贴近根部，也就是贴近属于自己的死亡之所。这个劝告绝不是出于悲观厌世的情绪。因为，主动贴近属于自己的死亡，就是回归生命的根源；将来更进一步回归大原初，那里是宇宙非凡历程的起点，一切从无中降临。在里尔克看来，这是转变视野的出发点，也就是我们刚才提出的观点转变：与其从生命的这一边揣度死亡，不如从死亡出发去面对生命。

之后，里尔克又进一步拓宽自己的视野。不过我们在此已经可以注意到一个独特的偶合：诗人的感悟非常接近老子在《道德经》里的启示。在第二十五章中，老子指出，道循环运行：

周行而不殆，
可以为天下母。
吾不知其名，

字之曰道，
强为之名曰大。
大曰逝，
逝曰远，
远曰反。

在第四十章中我们可以读到：

反者道之动，
弱者道之用，
天下万物生于有，
有生于无。

老子之后，道家思想把道比作河流。大河在涌进大海之前，似乎向着不可逆转的方向纯粹流逝。其实，在流动过程中，一部分水蒸发升天。蒸汽在天空中凝聚成云，然后化作雨降落山川，重新成为河流的源泉。这就是生命运动的根本法则，在现代生态科学形成之前，它已经充分体现在中国传统诗画当中。

依照道循环往返、不断回归本原并重新再生的法则，老子教导人们在自己的生命中不断地“回归”。[①]这就是归根，回归本原，那里才有真正的持续。在此，我不禁又想到里尔克的以下诗句：

领先于一切离别吧，恰似离别
就在你身后，如同刚刚离去的冬季。
众多冬季里，有一个如此漫长，
度过它，你的心将超然一切。[②]

里尔克没有接触过道家思想。作为一个德语诗人，他最初深受歌德、荷尔德林、诺瓦利斯、海涅等德国大诗人的影响。十分巧合，在浪漫主义热潮中，歌德与荷尔德林都因为爱情经历过死亡的体验。众所周知，歌德在饱受爱情之苦后乃作《少年维特之烦恼》。许多青年在读了这本书后，因为失恋而绝望自杀。歌德本人也是得救于写作。从那以后，他一生都没有忘记给自己也是

① 参阅《道德经》第十六、二十八、三十三、五十二、五十九等章节。——原注
② 出自《商籁致奥菲》。

给世人的警醒："死而变！"[1]至于荷尔德林，他也曾经与已婚的苏塞特·贡塔尔德夫人[2]产生过绝对而又不可能的爱情。贡塔尔德夫人因此死去；荷尔德林因忧郁而精神失常，靠继续写作短诗而逐渐平静。他在此前创作的主要作品中，已经表达了对大开[3]的向往。里尔克接受了"死而变"和"向往大开"这两个观点，因此开阔了他对生和死的大视野。

在荷尔德林看来，大开是指一种存在状态或无限的空间，它的确包含死亡，但是并不受制于死亡的意识，也不被死亡封闭。更具体地说，里尔克用"双重王国"

---

① 出自歌德《幸运的渴望》，一般直译为"死与变"（杨武能译）；也有意译为"死而转生"（钱春绮译）。最后四句冯至翻译为：

只要你还不曾有过/这个经验：死和变！/你只是个忧郁的旅客，/在这阴暗的尘寰。

译者认为，这里由死到变，既有联系，也有转折，所以用"而"比"与"或"和"更确切。保留"变"而不用"转生"或"再生"，不仅更符合原文字面意思，也可避免"轮回转世"的误解。因为程抱一认为，由死到生是升华到另一个层次的嬗变，即超越（transcendance）。

② 苏塞特·贡塔尔德（Suzette Gontard）夫人，荷尔德林在法兰克福银行家贡塔尔德家当教师时，与主妇产生恋情。

③ "大开"是程抱一对德语Offene和法语ouvert的翻译。参阅程抱一：《与友人谈里尔克》，"引言"，人民文学出版社，2012年。

的概念来表达这个大开，它包含了生和死两端，示意我们处于其中，而不是偏执一端。在《杜伊诺哀歌》第一首里，他这样说：

> 但活着的人却错误地过于区分。
> 天使们，据说，常常不知道自己行走于
> 生者还是死者之中。
> 永恒的激流席卷所有的年岁，穿过
> 双重王国，在两边
> 它的巨大轰鸣盖过所有声音。

在与《哀歌》差不多同时期的《商籁致奥菲》其中一首里，他这样写道：

> 唯有在阴影中
> 执琴弹者，
> 才能预感和宣告
> 无限的赞美。
> 唯有陪伴死者吃过

罂粟，吃过他们的罂粟者，
才永远不会再失去声音，
哪怕是最微弱之声。

池塘的倒影常常
在我们眼前恍惚；
认准真正的画面。

唯有在双重王国
这些声音才会
温婉而永恒。

关于大开，里尔克也提醒过，人类要向动物学习。因为当动物睁开眼睛，看到的是大开；当它们奔跑，它们冲向无疆的纯粹空间。而人类从孩提时代起，就被教会转目看周围可触及的世界，一个安全的、小心翼翼关闭的世界。人们将死亡的阴影驱逐出这个关闭的世界，却无法消除被视为毁灭或遇难的终极观念，我们只能一天一天地接近它。海德格尔不是说过“人一出世，就已经足够衰老至死了”吗？我们在里尔克哀歌第八首里可以读到：

在外的，我们只能通过
动物的视野得知；因为自孩提时，
我们被迫转身回望
有形的世界，而非大开
它在动物的眼里是那样深邃，
自由于死亡之外。我们人类，只看见死亡。
自由的动物，衰亡总是在后；
神，在前。当它前行，就
走向永恒，如泉水流淌。[①]

诗人从来没有忘记，他在《商籁致奥菲》（第一部第二十首）中追述过一段春天夜晚生动的回忆：一匹从村庄来草地过夜的白马，自由自在地奔驰，飞鬃扬颈，踏着血液循环的脉搏，感应宇宙万物循环的波动。我们

① 出自《杜伊诺哀歌》第八首。

又一次发现，这个场面很接近道家的境界。我不禁联想到杜甫的《房兵曹胡马诗》里的两句：

所向无空阔，
真堪托死生。

*

亲爱的朋友们，我们到了夜幕降临的时候。此刻，一天结束，另一天启始。我们可以感受到生机盎然的时间流：我们服从并认同。那就让我们接受反转生存的姿态，也就是反转我们的视野。我们要接受不只是抓住生命的这一端，而是设身于双重王国的中心，在那里我们会享有一个全方位的视角，在宇宙的运变中观察自身的运变。在那里，沿着道永无休止的从无到有、从不存在到存在的行进方向，我们同样在自身的最深处追随由死亡到生命——而不是由生命走向死亡——的进程，恰如灵魂之果实，必将吸取苦与乐、泪与血。

我不想忘记提醒：双重王国的中心就是生者与死者

产生交流的最佳空间。必须明确，这并非要在死亡世界里自寻满足。这里的交流对象，是指那些和我们一样生活过的人，他们承受了所有饥渴、所有未实现的愿望，经历着另一种状态的生命。在双重王国里，死者不再像当今社会通常理解的那样，被当作送进医院、放在某个角落垂死的无名氏；随后死亡降临，又被放进停尸间；火化后又被装进骨灰盒，人们尽量避免去想他们。在那里，恰恰相反，他们的悄声细语送到我们耳畔，充满了无限的情感和智慧，那话语发自内心，如同经过巨大考验的筛选，贴近本质。因为在死者面前，我们必须静神聆听：他们有许多话向我们述说。由于经过了巨大的考验，他们从某种意义上说，就是看到谜底的人。他们能够用另一种方式重新思考和生活，用永恒这个尺度衡量生命。他们可以像天使一样守护我们。如果我们不忘恩负义，将死者遗忘在角落，他们会有助于我们。是的，他们会以自己的方式保护我们。这样看问题也可以帮助我们度过失去亲人的悲恸。

我之所以说这些，也是因为我来自一个拥有数千年祭祖文化的国家——只不过在今天的中国，这个传统正在逐渐消失。过去，家族或村庄的祠堂里都有族谱，记载着祖先的姓名，供后人祭祀。许多人家都有一个祭祖的牌位。每逢清明时节，几代人聚集墓地，扫墓祭拜。人们也会就地设宴，在一片和谐融洽的气氛中聚餐。

人类的世世代代，漫长而历经沧桑！人类历史久远，却没有像一阵烟那样消散于远古之夜，人类的历代延续是具体而富有生命力的。我们似乎觉得自己身后有数不清的无名先人隐逝在历史的烟幕中，然而这是一种误解。因为，一个世纪事实上只有三四代人，一千年也只有三四十代人，相对而言这并不算多。所以，祖先与我们之间的距离实际上要比我们想象的近得多。这里有一个许诺和祈愿的传承，它赋予我们尊严，在一定程度上使我们的命运获得价值和意义。

因而从更普遍的意义上说，不忘死者，就是懂得感恩他们，并通过他们，感恩生命。不是吗，从孩提开始，为了生存，我们受惠于不知多少人的帮助：我们的父母，那是不言而喻的；还有亲戚，以及家庭关系以外的很多人，朋友、医生、让我们避免危险的陌生人。他们当中的很多人已经离开了这个世界。如果我们把这个思考再往前推进，我们应该更经常地感念在战争中为了保卫我们而牺牲的战士、在救灾中献出生命的救护者，还有改善并延长了人类生命的各个领域的科学家。人类体现于每一个体；每一个体一旦融入生命，就成为人类历程的一分子；而人类历程又是一个更大的历程的组成部分，那就是处于变化中的生命宇宙。

那么人类和我们每一个人会有什么样的大开可能？这个问题完全合情合理，我们不可能给出终极答案，但是可以作一些探讨。这是我们在最后一个沉思中涉及的问题。

我们可以对以上所述作一个大致的概括：把死亡包含在我们的视野当中，就是把生命视为一个慷慨而无价的馈赠——恰如德日进[①]所说："死亡在我们自身的最深处实现我们祈愿的开放"；如果面对死亡闭目不视，以此作为屏障，反而把生命降到一种尴尬的境地，就像一个只出不进的储蓄箱，每天都要算计支出的每一分钱。

① 德日进（Pierre Teilhard de Chardin，1881—1955），法国耶稣会教士，古生物学家、哲学家。19世纪20—40年代，他曾在中国工作多年，参与地质学和古生物学研究，对北京人的发现和研究做出重大贡献。

最后让我们一起来听听一个不平凡的声音，那就是艾蒂·希勒申[①]，她在奥斯维辛集中营被纳粹送入毒气室遇难。在这之前，虽然已经处境危险，但正当青春的她在日记里这样写道："当我说'我已经和生命作了了结'，我的意思是说：我的生命中已经包含了死亡的可能；因为正视死亡并接受它为生命不可缺少的一部分，就是扩展生命。相反，如果从现在起就因为惧怕和拒绝接受死亡而舍却生命的一部分，把它交给死亡，这实际上只是留住一个残缺不全的生命，它甚至不配被称为生命。这似乎是一个悖论：从生命中驱除死亡，我们只能得到一个不完整的生命；接受死亡，我们则拓宽和丰富了自己的生命。"[②]

① 艾蒂·希勒申（Etty Hillesum，1914—1943），荷兰籍犹太女作家。她于1941—1942年的日记以及1942—1943年在集中营里写的信，均被收入《动荡的一生》（*Une vie bouleversée*）。

② 《动荡的一生》，色伊出版社，1985年。——原注

# 第二沉思

亲爱的朋友们，我们又一次聚在一起，因为我们都关心着一个共同的问题，就是死亡，没有人能够逃避这个问题。在上一次沉思里，我提出要转变我们的看法：与其从生命的这一边揣度死亡，不如从死亡的那一边去面对生命；在那里，我们的死亡不再被视为一个无稽的终结，而被视为我们存在的果实。因为，在一个随机的、充满不确定性的世界里，我们只有一个绝对的确定性：我们每一个人都会有死亡的那一天。

然而，面对这个绝对的确定性，我们难道没有什么可说的吗？我不这么认为，理由很简单：正是因为生命，死亡才不再显得那么绝对。其实，假如没有生命，也就不会有死亡。死亡作为生命的一个状态的终结，它的“绝对”不可能来自自身：它只能来自一个更绝对的东西，我姑且说就是那个让生命降临之物。这个本原把死亡设定为自身的法则之一，于是，死亡便成为生命之绝对性的一个考验。我们不可能脱离死亡来思考生命，正如我们不能脱离生命来思考死亡。然而在这个不可分离的对子中，生命占有主导地位。死亡会占上风吗？可能性微乎其微。

必须立刻明确一个观点，留待以后的沉思逐步阐述：生命的绝对性是指，作为一种给予每一个人的馈赠，生命同时也是一种要求。它包含一系列基本的法则，以确保开放的生命，因而也确保真正的自由。生活并不仅限于肉体生存。生活要求投入全部的存在，包括肉体、理性[①]和灵魂。生活要求每一个体性的生存投入存在本身的大历程。我们当中的每一个人都与其他人相关联，而我们整体又与一个巨大的承诺联系在一起，这就保证了发自本原之道的运行。这种根本性的联结可以

① esprit通常译为“精神”。在程抱一的著作中，尤其是晚期著作中，esprit是一个非常重要而复杂的概念。在法文中，广义的esprit泛指所有非物质的精神领域，囊括意识、思想、感知、情感、直觉、超验等现象，狭义的esprit指与理性意识相关的精神现象。程抱一严格区分esprit与âme（灵魂），认为二者代表了人的精神生命的两个不同而互补的因素。译者根据这一层含义并经得程抱一本人同意，将此处与灵魂相对应的esprit译为“理性”，以区别于非理性的但构成人类精神生活最内在层面的“灵魂”。文中广义的esprit仍译为“精神”。从广义上说，灵魂是精神最主要的部分。

在各个层次得到印证，每一个体命运和主宰宇宙的法则之间，有一种姻联关系，如同契约一般包含着默契的责任。传统的中国思想用“天命”这个概念来表达降临于每一个生命的承诺。每一个人都自始至终地履行这个使命，不可人为地中断。恰恰是在经受所有考验直至“尽头”的过程中，一个人显示出自己不可消减和取代的真理。正因为这个原因，自杀——无论怎么解释——与存在相对应，通常被视为一种悲剧、一种失败。

我刚才说过，生命占主导地位。然而这丝毫不消减我们所处的困境。我们这些生活在地球上的人类，已经卷入一个无法阻止的漩涡：由于不知道死期，必死的确定性成为我们一切不确定性的根源。即使有千百种保险措施，我们的生活也无法摆脱疾病、事故、杀戮和失去亲人的威胁。这就是我们无休无止的恐惧的根源。鉴于这种处境，我们的确应该庆幸大家奇迹般地聚在这里，进行一种真正意义上的交流，分享这一段珍稀的幸福。

我刚才使用了“奇迹”和“幸福”这两个词。把二者联系在一起恐怕并不过分：幸福的降临似乎总是奇迹般的，因为它不常见，也难以持久。我们具有一切事物都会消亡的意识，因而当最珍贵的幸福降临，我们在享受的同时总是带着一丝苦涩。每一个人都可以在自己最内在的记忆中体验这种感觉。不过我在此不打算搜寻自己的记忆，而是谨借助弗朗索瓦·莫里亚克[①]讲述的一个场景来印证这种深层的感受。

一天，这位法兰西学院院士去拜访自己的同僚，莫里斯·热纳瓦。[②]热纳瓦当时是法兰西学院终身秘书长，就住在马萨林宫的秘书长公寓。住所面朝塞纳河，享有巴黎最迷人的风景之一：中央是艺术桥，就像一艘满载着往昔梦想的游船；右边略远处，从瓦尔嘉郎公园[③]开始，能看到巴黎圣母院、巴黎古监狱[④]等一系列辉煌的建筑；塞纳河对岸，能望见卢浮宫，它那雄伟的建筑格

---

① 弗朗索瓦·莫里亚克（François Mauriac，1885—1970），法国作家，法兰西学院院士。1929年获法兰西学院小说大奖，1952年获诺贝尔文学奖。

② 莫里斯·热纳瓦（Maurice Genevoix，1890—1980），法国作家和诗人，法兰西学院院士。

③ 瓦尔嘉郎公园（Le Vert-Galant），位于巴黎岛最西端，为纪念亨利四世而建。法语中vert galant比喻年事虽高却依然风流的男子，亨利四世因情妇众多，曾有此绰号。

④ 该建筑位于巴黎岛中央，是最早的王宫。法国大革命期间被当作监狱，关押过包括路易十六的王后玛丽·安托瓦内特在内的政治犯。

局似乎可以藐视一切岁月沧桑。在这个春天的傍晚，缤纷的落日余晖映照流水，河面海鸥随意翱翔，天边彩云无忧无虑地飘移，天地和祥而安宁，共为一体。两位已是暮年的老人被眼前的情景打动，久久无语。最后，热纳瓦轻声叹了一句："终将会告别这一切！"

"终将会告别这一切！"这一句忧郁的话及时提醒我们，没有任何幸福能够无尽地重复下去，一切幸福都属于奇迹。明白这一点并不会降低幸福是生命的光明一面的意义。尽管生命给我们带来许多苦难，但她也给予我们许多幸福和快乐。用积极的眼光看，生命其实充满了奇迹，更何况生命的出现本身就是一个奇迹。于是我们遇到一个大悖论：我们挥之不去的死亡意识并非是一种纯粹的否定性力量，它不是让我们把生命视为一种简单的既成现实，而是视为一种空前绝后的、神圣的馈赠。死亡的意识给我们注入价值的意义，使我们把各自的生命变成各自独一的同一体。这让我想起马尔罗[①]那句简明的格言："一个生命微不足道，但是没有任何东

① 安德烈·马尔罗（André Malraux，1901—1976），法国作家和政治家，戴高乐时期第一任文化部长。

西比一个生命更有价值。”

每一个生命的独一性[①]，这个概念使我们对人类历程的理解进一步升华。这个独一性并不仅限于人类的肉体，它在自然中也随处可见：没有两片相同的树叶，没有两只一样的蝴蝶。至于人的独一性，它包括理性运动以及灵魂所展示的世界。所谓独一，是指每一个人的存在整体，每一个人面临死亡造就了自己独特的命运。“死亡使生命成为命运”，这句话还是马尔罗说的，非常精辟。由此而言，宇宙不是各种实体的简单混合；它由无穷无尽的存在构成，每一个存在都在生存欲的驱动下朝着一个完全属于它自身的轨迹运行。一种不可抗拒的力量使我们处于迫切的不断超前的行动中。我们知道，这个力量不是别的，正是不可逆转的时间。

时间就是把芸芸众生卷入一个巨大的变化进程的发号施令者。在这个进程的中心，人类是唯一具有死亡意

---

① unicité是程抱一对生命世界思考提出的基本概念之一，他在《美的五次沉思》中第一次对其做了比较系统的阐述。程抱一认为，美的本体论根源就是存在的独一性。“美是相遇”，只有独一才有差异，才有相遇和美。一个万物相同的“机器人”世界，无美可言。此处译为“独一性”而避开通常所用的“唯一性”，以突出每一个生命存在与其他生命存在的差异，表示同时存在，而非唯一的存在。

识的存在，因而面临着一个特殊的处境。每一个人，在一生中的某个时刻都会意识到，自己的独一性既是一种特权也是一种限制。他不会不知道自己不能无限制地拥有时间，属于自己的有限时间迫使他充实自己的生活。这个逻辑会否把每一个人封闭在自傲、自私的可怕圈子里呢？这个危险的确真实存在，而且是恶的根源之一。关于这一点，我们会在另一次沉思中回过头来讨论。眼下让我们先确认一个简单的道理：既然我是独一的，那么其他人也一样；而且其他人独一性的程度决定了我自身独一性的程度。尤其是，我之独一性只能在与他人的独一性的对照或共体[①]中得到证实和体验。从此就有了“我”和“你”，就产生了语言和思想——这一切在围绕爱的关联中得到最有力的验证。于是，超越所有不可避免的对立，生命个体之间存在一种根本性的关联。人们最终明白，真正的幸福总是在相遇、交换和分享中获得。

---

① 共体（communion）的概念来自基督教，最初是为了纪念耶稣与他的十二位使徒共进最后的晚餐，耶稣指着面包和葡萄酒说：“这是我的肉和血。”程抱一把这个概念引申为人与人之间达到灵魂共鸣的境界。

*

以上谈论的启示，指明了我们今晚的聚会的一些不同寻常的特点。我们之所以在死亡之谜的驱使下来到这里，是因为我们每一个人都有一个充满梦想和追寻、考验和痛苦、疑问和期待的经历。每一个人都渴望把自己的经历与他人对照，都深信生命的真理在于中国人所说的“冲虚之气”，它发自真正的主体间性[①]。然而我们明白，我们对生命真理的追求不可能得到一个简单的答案，如同一个枯燥的定理。因为我们看到，不仅我们的

---

① 主体间性（intersubjectivié）的概念最初由康德在《判断力批判》中提出，其中心意思是，人作为思维主体，在自己做出判断时，会受他人的思维的影响，纯粹孤立的思维主体是不存在的。这个概念被费希特、黑格尔接受并发展，直至胡塞尔，成为现象学关于主体问题讨论的基本概念。法国精神分析家拉康则进一步将其用于精神分析的理论和病理实践，强调受分析者和分析师之间的互动对病理解释的重要性。程抱一和拉康有过密切接触，他曾应拉康之请，为其讲解中国哲学思想。“讲解”很快成为真正意义上的对话和探讨。用程抱一自己的话说，他成为这种对话的最大受益者。对“主体间性”概念的接受和转化就是一例。程抱一把中国道家思想融入这个概念，认为阴阳二气因“冲气”而互相转换，“冲气以为和”，从而使对立而相互关联的两个“主体”超越自身，形成“主体间”。而生命的超越性恰恰在于它们的“主体间性”。程抱一曾经诗化地概括自己的观点：

我们自身有限有终/然而在我们之间/却不断地喷发那/生命所期愿的/至广/至高/无穷的变换。

生命处在变化中，生命历程本身同样处在变化中。所以，我们不可能得到真理，因为它不可能被占有。然而对于我们而言，最重要的是，我们是真的：只要一个人是真的，即便他无幸把握真理，他仍然可以存在于真理之中。于是，让我们抛却妄想，平静地面对这个严峻的挑战。用勒内·夏尔[①]的话说，以我们“共同的在场”，去尝试一个共同的探索。

现在是我一个人说话，然而交换已经发生在目光和思想的相交之中；接下来，交流将因奇妙的话语充满活力，而话语的最高境界可以把我们带入无限的领域。因为我知道一切真正意义上的对话的力量：苏格拉底的对话、孔子的对话、阿贝拉尔与爱洛伊丝的对话[②]、蒙田与拉波哀西的对话[③]、人与自然的对话、人与

---

① 勒内·夏尔（René Char，1907—1988），法国诗人。

② 阿贝拉尔（Abélard，1079—1142），中世纪经院哲学家。他和自己的学生爱洛伊丝自由恋爱而结合，因此震怒教廷。阿贝拉尔被处以宫刑后进入修道院，爱洛伊丝被送进修女院，但两人一直以书信的方式对话。他们之间的爱情故事成为欧洲文学的重要素材之一。卢梭曾以此为蓝本创作了《新爱洛伊丝》。

③ 蒙田（Montaigne，1533—1592）于1558年与诗人、作家拉波哀西（La Boétie，1530—1563）相识，二人结下深厚的友谊。他们之间的思想交流因拉波哀西的去世而骤然终止。几年后蒙田开始写作《随笔集》。

超越的对话、生命与死亡的对话……对话的前提是一定的默契，也包含了意想不到或不期而至的内容。谈话者不知道对方会说什么；他也不知道在对方表白之后，自己会说什么。人们就这样一步一步朝着理性未知的领域、灵魂间的共鸣和敞开的无限摸索行进。新的奇迹就这样发生：在两个被有限界定的存在之间，涌现出属于无限的快乐。而我们由此可以隐约察觉，我刚才所说的生命的真理，一定隐藏在这种无穷尽的往返交流之中。

无穷尽吗？我们似乎听到有人在耳畔轻声讥笑：“睁眼看看吧，**一切**都有结束的时候！”无须被说服，我们自己也明白，稍后我们不会继续在一起延长这个对无限的体验。留给我们的只有加入悲叹的合唱：“空虚中的空虚，一切皆是空虚”（传道书如是说），“走过，走过，因为一切都是过往”（阿波利奈尔①诗句）……除非我们为尊严而奋起，大声疾呼，宣示我们此时此地之现在。因为，同样有一个不可否认且无法改变的事实：没

① 纪尧姆·阿波利奈尔（Guillaume Apollinaire，1880—1918），法国20世纪最重要的诗人之一，超现实主义的先驱。

有任何东西能阻止我们的存在。诚然，一切如穿指流沙；诚然，我们什么也留不住。然而，唯有一物——而且不是无足轻重之物——属于我们，那就是瞬间。真正生命的瞬间，如同此刻。对于这一点，我们就像知道自己终有一死一样明确。除了死亡的确定性之外，我们还拥有作为瞬间之主的确定性。

瞬间不是指现在：现在不过是时间顺序中的一个环节；瞬间则组成我们生存延展过程中突出的一刻，如同时间激流里涌起的波涛。瞬间如同闪电，在我们的意识中将过去的经历和对未来的梦幻凝结成晶体，犹如茫茫大海里涌现的礁屿，被强烈的光束突然照亮。瞬间是存在之所，在那里，我们无休止的寻求突然得到回音，似乎一切都在其中。这是一种难得的体验，用“永恒的瞬间”来表达，看似自相矛盾，其实很恰当。诗人让·曼布里诺[①]在《艾斯贝里，夜晚之国》里引用尼采的话写道：“让我们接受对一个独一无二的时刻说‘是’，于是我们不仅对自己而且对一切生存说‘是’。因为没有孤

① 让·曼布里诺（Jean Mambrino，1923—2012），法国当代诗人、作家和文学评论家。

立之存在，我们不孤立，一切事物也不孤立。即使我们的灵魂只被喜悦打动过一次，这一次也需要一切永恒来造就，而永恒就在我们说‘是’的这一刻得到接受和印证。”这里讨论的瞬间饱满丰富，我们感觉到永恒就应该是这样。这个感觉可能有些模糊，但是我们深深地信服。

我在上一次沉思中隐约提到永恒的问题，我承认，事实上没有人能够想象永恒是什么样子。然而，我认为可以谨慎地说说什么不是永恒。谈到永恒的生命，它可能千姿百态，但绝不可能是一种单一的重复。它应该是一系列突出时刻壮观的连续，充满着向生命不断冲动的活力。简言之，永恒由众多各自独一的瞬间组成。由此看来，我们此生经历的各个独一的瞬间，就像由记忆连接的宝石项链或灿若星辰的珠串，它们组成的延续已经具有永恒的意味。于是我们脑海里鸣响起兰波的咏唱，他那发自肺腑之声也属于我们：

> 她被找回。
>
> 什么？永恒，

那就是大海

与日共升。

直觉告诉兰波，永恒就在瞬间之中，我们通过瞬间去体验，在瞬间里，向生命的冲动与生命之承诺相遇而吻合。

“然而，什么是向生命的冲动？它在我们之中由何而生？”多少人发出这样的疑问！他们失落、泄气，不知道可以从何处获得向生命冲动的力量。对于这个疑问，没有完美的答案。不过我想斗胆一试：从无中而生。

*

这里需要略作停顿，解释一下这个似乎自相矛盾的命题。我们已经谈到“无”的概念，尤其不能把它同“虚无”混为一谈。“无”包含了一切的承诺，它是指“非在”，而“非在”不是别的，正是使存在降临之本原。“非在”的概念是不可缺少的，因为只有从它出发，我们才可以构想存在。

为了描述道的本原状态，老子使用了“虚”“空”或“无”这些概念。这个“无”字可以翻译为“没有”或“非在”。庄子，这位生活在公元前4世纪的道家大思想家，接受了这个观点，他说，“物物者非物”，[①]“夫道有情有信，无为无形；可传而不可受，可得而不可见”。[②]无论“虚”还是“无”，都具有能动的性质，因为它们与“气”的概念相关。为了进一步说明这一点，只需读一下《道德经》第四十二章中的这个著名的段落：

> 道生一，一生二，二生三，三生万物。万物负阴而抱阳，冲气以为和。

这段话可以这样理解：本原之道为至虚，它产生一，即原初之气；原初之气分生阴阳二气；阴阳二气不断地相互作用产生世间万物；万物因第三种气“冲虚”

---

① 出自《庄子·知北游》。

② 出自《庄子·大宗师》。

而达到和谐。[①]从这个解释中，我们看到的是对“无”，对“虚”之特质的确定。“虚”不仅是道和谐运行的条件，而且是道之根本。以“虚”为依托，就是顺应道的运行，它始终不断地从“虚”到“实”，又从“实”返回“虚”，“虚”是气得到不断更新的本原。维系生命的道之良性循环就是以此为代价。拥有这个信念的人们——道或禅的信徒——与这个运动浑然一体，并由此体验一个根本性的真理：存在并非简单地追随一个生存的延续，而是不断地从“非在”出发践行存在。对于他们来说，理想的境界是体验某种“自身死亡”，即摆脱狭窄和封闭的小我，进入一种更自由和更开放的生命。假如他们练书法或打太极，他们会毫不怀疑体内的

① “冲气”指冲虚之气，马王堆甲本又作“中气”。程抱一根据这个阴阳二气由冲（中）气之虚而形成相互转换运动的思想，把冲气创造性地翻译为vide médian，从而构成他对生命世界之本探索的基本概念之一。从字面意义上说，vide médian也可转译为“空间”：因空而生间，由间而生动，由动而生无穷之变换。然而由于“空间”一词在日常用语中已经形成固定的、与时间对应的含义，为了避免混淆，故此保留“冲虚”。由冲虚到vide médian再回到带有空间意义的冲虚，体现了程抱一思想从母语文化出发，经过与法语文化的融合进而创作并衍生，又带有新意地回到母语文化复杂的演变和发展过程。参阅裴程：《倾听“来自异乡的奥菲”》，载《程抱一研究论文集》，褚孝泉主编，复旦大学出版社，2013年。

生气来自白纸上的一笔一画，或者来自举手投足间流转的真气，这个气与推动星辰运行的原初之气浑然一体。

倘若以为这种直觉只限于中国或东方文明，其他文明没有类似的回应，那就错了。比如在犹太-基督教传统中，可以发现另一种对“虚”的探求。当然，这里的文化背景不同，因为人们是以上帝为依据。但是，两个传统都有一个共同的观念，就是通过“自身死亡”、清空自身，以期与神（西方）或原初之气（东方）共体。在西方，的确存在一股思考“无”和“虚”的思潮，尤其以艾克哈特[①]大师开创的学派为代表，他的后继者有亨利·苏瑟[②]、让·多勒[③]、安格鲁斯·西莱修斯[④]、雅各·波墨[⑤]，此外还有圣十字若望[⑥]……在艾克哈特大师及其

---

① 艾克哈特（Eckhart，1260—1328），德国中世纪多明我教派神学家、神秘主义哲学家。

② 亨利·苏瑟（Henri Suso，1296—1366），德国多明我会教士。

③ 让·多勒（Jean Tauler，1300—1361），法国阿尔萨斯神学家。

④ 安格鲁斯·西莱修斯（Angelus Silesius，1624—1677），德国方济各会教士、神学家，同时也作诗和行医。

⑤ 雅各·波墨（Jacob Boehme，1575—1624），德国文艺复兴时期神秘主义、路德新教神学家。

⑥ 圣十字若望（Jean de la Croix，1542—1591），西班牙神秘主义神学家，公教改革派的主要代表。

追随者看来，“虚”和“无”就是上帝的存在方式。换言之，上帝处于“非在”，由此不断地践行存在。存在，真正意义上的存在，绝不满足于一种简单的现成“实在”，而是始终处于一种向存在冲动的状态。创世者就是如此作为的，被创者也应该如此。这种观点非但不消极，反而是最积极的，符合耶和华给摩西的启示：“我是我将是。”[①]“虚”和“无”的真理并不取决于抽象的思辨；事实上，所有文明的智者都以自身的生命见证了它的实际意义。

*

现在，我们可以更具体地讨论我们在死亡意识的作用下产生的生存需求和不可抑制的欲望。这里不可能面面俱到，仅抓住三个主要方面：实现的欲望、突破的欲望和超越的欲望。

首先，实现的欲望。

---

① 语出《圣经·出埃及记》3：14，通常译为“我是自有永有的”。程抱一引用法文翻译为Je serai qui je serai。此处根据程抱一阐发的思想以及第四沉思中关于“未来之神”不断降临和变化的论点，直译为“我是我将是”。

生命有一个终结，这个终结不可能延迟。这个观念本身激励我们去“实现自己”：不是把自己纳入一个现成的生命的轨迹，把它作为我们不可避免的条件加以接受；而是为自己设定一个生命规划。换言之，我们通过创造性的践行，投入一个实现自身的生命愿景。然而，我们并非无视一个可悲的现实：绝大多数人都没有选择自己职业的可能，他们只能接受一个工作，其目的无非就是“讨生活”，由此产生了各种各样的苦难和非正义。因为这样就把人缩减成单纯技术的功用，这是对人的残害。人之所以有一种本能的做事的需求，不能简单地从物质生产和社会功利的层面来理解，而应该从古希腊人所说的“创作”（*poïein*）的层面来理解，即指“创作”（*poïesis*）意义的“做事”。通过创作性的“做事”行为，也就是说通过以实现为目的的劳动，人赋予自己的生命一个意义，成为自己生命的“创作者”。[①]这就是他的天赋，他为此而生。

在“意义”（sens）这个词中，需要把握法语里包

① 古希腊语的“创作”（*poïesis*）是法语“诗”（poésie）的词源，因此最后这一句话也可以根据字面含义译作：自己生命的“诗人”。

含的三层意思："感觉""方向"和"示意"。这个浓缩于一个单音节的词汇就像一颗宝石，凝聚了我们在生命世界里的三层本质含义的结晶。天地之间，人在生存的紧迫性的驱使下，用所有的感官来感知呈现在自己面前的世界。人们在最动人、最鲜艳的现象——也就是世界之美，我们留到下一沉思讨论这个问题——的吸引下，朝着一个方向前进：这是形成"道"的意识的开端。从这个意义上说，生命世界义无反顾地朝着一个方向展开。就像一棵树那样，自根部向上升展，以达到世界上最完美的呈现。这一切似乎揭示了某种意向，某种定向，某种把微观世界和宏观世界联系在一起的欲求。于是人们就会产生对"示意"挥之不去的追求，即实现自己的意义。换言之，人的所作所为、实现自身就是为了"示意"；只有在示意中，人才能赋予自己的生命以意义。的确，如果不能"享受意义"，人就不可能完全地享受生命。①

① 法语中"享受"（jouissance）一词的两个音节近似"享受-意义"（joui-sens）。程抱一经常对法语词汇作语音拆解，从中引发新意。他本人认为，这是受母语单音节汉字的影响。

*

死亡意识还启示我们回答另一个根本性的需求，也就是突破自身的需求，这是与实现的欲望紧密相连的，不过更加激烈和彻底。

有些人“信天命”，有些人“不信天命”。根据不同的信仰，对于有些人来说，死亡决定了人类不可逾越的界限；对于另一些人来说，死亡则是一种变体的可能性。在这两种情形下，死亡纠缠我们的心绪，挥之不去，使我们产生一种突破的需求。死亡要求我们至少要为走出普通生存条件而努力，这个努力有一个名称，就是激情。冒险激情、英雄主义激情、爱的激情，以及其他形形色色不那么重大的激情。我刚才列举了三种最高的激情，它们要求生命的投入：经受死亡危险的考验，这是对人类之高尚尊严的考验。

说到“冒险”，我要排除那些不正当的行径。我首先想到的是探险家，那些大航海家、飞行家，还有勇敢的登山者，他们在荒无人烟的山区，冒着生命危险，接受极限环境的挑战。我想到一位大家熟知的可敬可爱的人物，卓越的登山者尚塔尔·莫迪[1]。她曾六次登上喜马拉雅山脉最险峻的、海拔超过八千米的高峰，成绩辉煌。1996年，她第六次成功登顶之后回到巴黎，应邀在电视里讲述这一次经历。她谈到，在顶峰，立于天地之间，她一边自拍录像，一边背诵诗人安德烈·维尔特[2]的三句诗，视之为自己的信念。就在此时，这位诗人恰巧打开电视机，看到了这段录像。可以想象，当诗人看到这位素未谋面的奇女子背诵自己的诗句时，心情是多么激动：

空间是个绿林汉
当你随心奔驰时
想到的就是它。

第二天，安德烈·维尔特收到尚塔尔在电台总部给

① 尚塔尔·莫迪（Chantal Mauduit，1964—1998），法国著名登山运动员，1998年在尼泊尔境内攀登道拉吉里峰时遇难。

② 安德烈·维尔特（André Velter，1945—　），法国当代诗人，年轻时曾在西藏和印度旅行，其诗歌作品体现了游历所见的文化和风土人情。

他的留言，于是他去和她相见了。很快，两个热爱生命的不凡人物被一种闪光的激情连接在一起。近两年后，1998年，尚塔尔又一次听到了山峰的呼唤。对于这位登山者而言，情人与山岩并无区别，二者同属一种肉体存在的纽带。于是，她踏上了征服第七座山峰的征程。就在她达到半山腰，准备向顶峰冲击的前夜，一场雪崩将她和向导埋在原始的洁白之下。这个结果，她曾经想象过不知多少次，既不期待，也不畏惧。尚塔尔·莫迪用她短暂而闪光的一生告诉我们冒险激情之伟大。

说到英雄主义，历史为我们提供了众多例子。在欧洲，人们当然记得所有那些为了把欧洲大陆从恐怖的纳粹统治下解放出来而献出生命的人。在此，我们脑海里涌现出无数张面孔，他们是在诺曼底海滩上倒下，或者在维克尔丛林中牺牲的成千上万的年轻人。这些面孔里有马克西米利安·科尔伯神父，这位波兰裔方济各会教士在奥斯威辛集中营的一次集体屠杀中，自愿替一个家庭的父亲就死。这些英雄或是拿起武器，或是以最崇高的团结之举，维护纳粹企图毁灭的生命和人的尊严，视死如归。

冒险激情和英雄主义激情无疑与生死考验相关。那么有人会问，爱的激情呢，它看似与死亡无关吧？在此，我们只是想提醒，不同的文化并不是等到精神分析学出现才开始关注“爱神”和“死神”，以及祂们之间内在的紧密联系。在西方，古希腊人在神话和悲剧作品里已经充分展开了这个主题。在古罗马，奥维德也非常细腻地把握了爱的激情可能导致的后果，他这样写道：“我爱你、恨你，这都是徒劳的。因为我不能不爱你，我愿意和你一起去死。”①

奥维德是“耶稣受难”的同时代人。从那以后，基督教为人们理解爱的奥秘提供了许多关键启示。我在此并不打算深入这个问题所有复杂的细节，而只是想考察一下，死亡意识怎样使我们发现构成自身存在的三个方面。这个发现的进程，就是通过对最完善意义上的爱实现的。实际上，我们都知道这个进程。下面就作简略的叙述。

① 参阅格扎维埃·达尔科斯（Xavier Darcos）：《奥维德与死亡》（*Ovide et la mort*），法国大学出版社，2009年。——原注

厄洛斯[1]具有撮合两个相互迷恋之人的神秘力量。由于具有共同的爱，恋人会想方设法满足肉体的欲望。假如他们仅仅停留在肉体的层面，久而久之就会陷入绝境。不断重复由兴奋到沉落的行为（肉体满足不是对“小死”[2]一说最好的诠释吗？），人们会进入一种封闭的循环，逐渐使对方物化。满足成为走向衰竭的奴役行为，其结果最好不过是厌倦，而最坏可能导致强烈的怨恨，甚至情杀。相反，假如被厄洛斯连接的双方开阔他们的视野，各自调动他们最美好的因素，那么，经过突破自身的内在的修为，他们会发现存在的另一番天地。他们会进入对方最内在、最本原因此也是最不可替代的部分，这就是人们所说的“灵魂”，是一切欲望之源。

当“肉与肉”的关系被“灵与灵”的关系充实，爱就发生了质变，令双方彼此尊敬和感谢。司汤达说过：

① 厄洛斯，古希腊神话中的爱神。这个词在古希腊语中指情欲、欲望。

② “小死”（la petite mort）一说起源于16世纪，形容性高潮带来瞬间的晕厥和战栗，近似中文里的“飘飘欲仙”。

“在真正的爱中，是灵魂包裹肉体。”[①]还有米开朗基罗在致恋人的十四行诗中这样写道：“我爱你，爱你自己最珍视的东西，那就是你的灵魂。”基督教和柏拉图主义所说的精神之爱“阿加贝”（*Agapè*）有过多种形式，其中包括骑士之爱，它要以一种更深沉而开放的共体，取代情色和取乐意欲。灵魂在其最高的境界超出肉体的限制，因此也超出时空的限制，达到与生命世界的灵魂共鸣。

“厄洛斯–阿加贝”这个对子的确包含了宇宙和超自然的层次。在中国，人们会以“云雨”来形容肉体结合。这个比喻出自楚王游高唐时与巫山神女共枕席的神话传说。从那以后，性行为就被视作与自然共鸣的内在体验。比如在色情绘画中，画家不去描绘发生在关闭的内室里肉体的癫狂场面，而是给幽会的密室开一扇窗，窗外垂挂一枝花，小鸟在春风或明媚的月光沐浴下欢唱。倘若幽会的密室是关闭的，那么至少会有一座绘有山水的屏风。这让我想到普鲁斯特的一句妙语：“爱，

---

① 转引自让·蒙布里诺（Jean Mambrino）：《赫斯帕里，夜晚之乡》（*Hespérie, pays du soir*），阿尔弗伊安出版社，2000年。——原注

就是在内心感受空间和时间。”

在所有文化中，“厄洛斯-阿加贝”都将人与神相连。由此产生的兴奋感总是被视为很神秘的境界——其中最典型的描述之一无疑是“雅歌”[①]。然而，面对神，人类意识到自身死亡的缺陷，祈愿通过死亡不可终止的永恒之爱超越死亡。于是，死亡这个阻止永恒之爱的因素，反过来又成为衡量真正之爱的准绳。恰如雅歌所唱，爱必须“和死亡一样强大”，必须与之抗争并穿过死亡而成真。所有文化都有像“崔斯坦和伊索德”[②]那样穿越死亡之爱的代表。永恒之爱的恋人知道自己生命有限，但是坚信他们之间的爱情身后不会终结。这是对爱之奥秘的执着，哲学家加布里埃尔·马塞尔曾经这样描述：“爱一个人，就是说：‘你将永生’。”[③]

---

① 旧约圣经诗歌智慧书第五卷。希伯来文字面意思是“歌中之歌”。

② 崔斯坦和伊索德的故事最初产生于中世纪的爱情悲剧，后世被文学作品广泛采用改编。

③ 加布里埃尔·马塞尔（1889—1973），法国哲学家、剧作家、文学批评家。这句话出自马塞尔身后出版的论文集《你将永生》（*Tu ne mourras pas*），阿尔弗伊安出版社，2005年。程抱一多次引用，并且收入一首诗中：“……爱，就是超越自身/爱，就是说‘你将永生’。”

*

死亡意识启示我实现的第三个也是最后一个根本性的欲望就是：朝向超越的张力。我在这里先简略地谈一下，留待最后一个沉思再回到这个问题。

我赞同夏多布里昂的观点，他认为“伦理是通过死亡进入生命的”。与西蒙娜·韦伊[①]一样，我坚信如果没有痛苦和死亡的考验，我们不可能进入神的观念，甚至不可能思考任何形式的超越。然而必须明确，直接影响我们思想的并不是死亡本身，而是我们关于死亡的意识。事实是，死亡本身并没有任何力量，它不过是生命的一个状态的终结。当人们充满了祈愿，像圣保罗一样疾呼：“死亡，你的胜利在哪儿？你的毒钩在哪儿？”，[②]我们知道，这个呼喊只能被活着的人听到，死亡永远听不到。正如我们所见，死亡貌似世界之主，然

① 西蒙娜·韦伊（1909—1943），法国哲学家、人道主义思想家。她出生于犹太家庭，于1936年皈依基督教。曾经接近托洛茨基派运动，并为《无产阶级革命》杂志撰稿。程抱一深受她的思想影响，在《说灵魂》的“第六封信”中专门论述了韦伊关于灵魂和死亡问题的观点。

② 《新约·哥林多前书》15：55。

而它的权威是另一个绝对的权威事先授予它的，这就是生命，它需要肉体死亡。生命不属于我们，我们属于生命。生命是超越，道理很简单，它既跳动于我们最深层的内在，又无限地超出我们个体。我们只能完全地信赖和依附于它。我们可以这样做，因为经验告诉我们，使生命降临的原始之气从来并且永远不负生命。此外，连接我们和他人关系的真正纽带，无论是爱情还是友情，都建立在无懈可击的信任之上。而这种关系，只有在超越之光中才是可能的。

中国有一句出自《易经》的成语自古世代相传。《易经》是中国思想的第一部古典文献，最早起源于公元前一千多年。道家和儒家都奉之为经典。成语的短短四个字可谓振聋发聩："生生不息"。[①]也就是说，"生命相继，永无止息"。中华民族在这一句格言所代表的信念的激励下，走过了无数战乱和灾难。

人类这个漂浮宇宙间的渺小存在，其功不可没。无论如何，人类擎握着并将继续擎握生命的火炬。一旦进入

① 原话由作者书写，印在本书封面。——原注

生命，人类就要经受来自周围世界和自身内在各个层次的考验：生理和心理、伦理和理性。在所有这些考验中，最高的就是死亡。人类知道死亡的痛苦和折磨。这其中包含了不可否认的崇高价值。然而，在各种考验之外，也有快乐，肉体的和理性的快乐。还有那神秘的光环，就是爱。没有爱，就不可能有完全的满足；有了爱，一切都在其中，因为爱倾注于整个存在：肉体、理性和灵魂。

关于“肉体-灵魂-理性”这个三元论，我在此要略加说明，因为后面两个概念有些含混。如今，它们二者经常被混淆，而且通常是以牺牲灵魂的特性为代价的，以致人们常常对灵魂的存在提出质疑。尽管灵魂这个词生动地出现在一些成语中（“诚心实意”①“不屈不挠”②“超常灵性”③“情投意合”④，等等），但是许多人满

① en mon âme et conscience，直译为“我的灵魂和意识”，指心里完全明白、没有含糊、“出自灵魂和意识”。

② avoir l’âme chevillée au corps，直译为“灵魂紧贴肉体”，指生命力顽强、承受巨大痛苦。

③ supplément d’âme，这个概念最早出自柏格森的《伦理和宗教的两个来源》。柏格森认为，技术使人的肉体得到延伸，从而适应并试图征服自然。然而技术的发展导致了肉体和灵魂之间的失衡。为了驾驭这个借助技术而膨胀的肉体，让技术重新服务于人类而非相反，就需要“超常理智”，获得一个supplément d’âme（直译为“补充灵魂”）。

④ “âme sœur”，直译为“灵魂姐妹”，通常用于两个非常般配的恋人。

足于用“肉体-理性”的对子来表示人类存在的基本元素。

然而，无论是西方还是其他文化，都有一个古老的传统认识，它揭示了每一个人身上都有某种内在的、隐秘的、完全属于自己的因素，不是理性概念可以涵盖的；这个因素具有惊人的感受、感动力，同时具有无意识、不能完全解释清楚的部分；它隐藏在每一个人存在的最深处，不可分割，是个体存在之独一性的标志。西方传统很早就有这个观点，如今却失去了。它体现出一种本能的、借助第三种因素突破肉体-理性二元论的努力。正是这第三个因素让人可以不受阻碍地同大自然的灵魂共体。

中国思想自然是非常认同这个观点的，因为中国自古就倾向于用三元来理解构成人类生命的机制。我们还记得，以气为基础的道家强调阴、阳、冲虚三气之间的相互作用；儒家则以天、地、人三者之间的关系为思想基础。在中国传统文化中，人的存在由三种要素构成：精、气、神。这些概念在西方传统中没有完全对应的词汇，我们姑且把“精”与“肉体”、“气”与“理性”、

“神”与“灵魂”作近似的对应。

灵魂和理性之间存在一种互补和辩证的关系。如果说灵魂是内在性和个体性的因素，那么理性则具有普遍性和群体性；理性使语言和推理成为可能。理性处于中心地位：它促使个体在一定的社会关系中成长，并确立自身的位置。灵魂属于每一个人的本质部分，它是完整的，在人出生之前就存在，伴随每一个人直至终结。即使理性受到损伤，灵魂也完整无缺。灵魂一点一滴地吸收肉体和理性的禀赋和考验，一丝不损地保留每一个体之独一性的真正果实。

更具体地说，理性需要大脑，灵魂则发自内心。理性靠智力来把握，灵魂则随直觉。所以我曾经这样概括二者的特征：“理性运动，灵魂感动；理性推理，灵魂共鸣。”[①]同样，我们可以在社会生活中观察到两种不同的分工：属于理性领域的有语言、哲思、科学研究以及各种社会职能（政治、经济、法律、教育、卫生，等等）；灵魂则决定与情感有关的领域，包括艺术创作，

① 见《灵魂》（Âme）一文，载于《欧洲》杂志（*Europe*），2012年，第1000号。——原注

以及人类命运与超越的神秘关系，它体现为一种共鸣。灵魂凝聚了人类对神性的绝对之爱的憧憬。

人既然成为理性的存在，并且赋有灵魂，便能够进入生命的更高层次。道家认为“人法地，地法天，天法道，道法自然”，因而承认生命的不同层次。在西方，我们可以用另一种并非教条而是普世的方式，理解帕斯卡关于三个层次存在的论说。让我们来听听他是怎么说的。有些人会对他的“慈善”一词产生抵触。其实，他用这个词来指代“神爱”。对于帕斯卡而言，“慈善”非但没有通常说教的贬义，而且是指具有无限怜悯之情的大爱。这种大爱不会出自本能或简单的推理，它属于另一个层次。让我们至少记住这个区分不同层次的必要性，因为只有这种区分能使我们把握上述巨大生命历程之变化的可能性。

听听他是怎么说的：“所有的肉体、苍穹、星云、地球和它的王国，都不值分毫的理性。因为理性知道这一切，而且自知，而肉体却一无所知。所有肉体和理性的总汇以及它们的成就，都及不上分毫的慈善之举。因为它属于一个无比崇高的领域。集所有的肉体，人们不能实现一丝的思想。之所以不可能，是因为思想属于另一个层次。集所有的肉体和理性，人们不能实现一丝真正的慈善之举。之所以不可能，是因为慈善属于超自然的领域。”

# 第三沉思

亲爱的朋友们，我延续至此的思路已经可以解释关于死亡的沉思的副标题《换言之，生命的沉思》的含义。因为思考死亡就是思考生命。死亡的意识使我们产生了生命之神圣的观念，赋予生命所有的价值。人类因而从这个挥之不去的意识出发，投入一系列开放的行为，从而实现质的变化和升华。在这个新的视野里，人类生命恰如每一个新生儿那样，成为一个充满承诺和未知的历程。

我说的是死亡的意识而非死亡本身。你们一定明白这个区别，我绝不是在为死亡唱赞歌。相反，我们要更清醒地担当生命，充实地生活。

在生存的道路上，我们会碰到两个根本性的奥秘：美和恶。美之奥秘在于，大自然并非必须美。然而它确实美，这个美似乎在向人们示意某种欲望，某种呼唤，某种深藏的、使人不能不为之动容的意向。恶同样是一个奥秘。假如恶是以某种由生命进程之艰难造成的缺陷或失误的形式出现，我们也许会或多或少地予以容忍。然而，人的作恶如此彻底，几乎无可比拟：当人类的智慧为恶所用，它的残忍程度就没有极限。今天，人们都知道，在技术的帮助下，人类可以无恶不作以致毁灭生命秩序本身。这两个奥秘与我们的死亡意识相互作用，在我们面前竖起两个无法回避的挑战，我们必须应对。下面就让我们分别审视这两个奥秘。先谈谈美。

我刚才说过，大自然并非必须美。我们可假设一种仅仅功能性的世界，它产生一种完全中性的系统，没有一丝美的色彩点缀。这样一种世界仅仅满足于空转，使所有零配件摆动起来，它们没有个性，没有差别，无休止地运转。这是一个机器人的世界，像一台巨大的机器或者一个集中营，无论如何，都已经不属于生命的秩序。生命的前提就是细胞的差异化和复杂化，从而形成独特的不同个体。生命的法则要求每一个存在构成一个有机的同一体，并且同时具有生长和繁衍的能力。正因为如此，巨大无比的生命历程才创造出每一棵小草、每一只昆虫、我们之中的每一个人。每一个独一的存在，都像一朵花或一棵树那样，趋向于在世界中充分地展现自身。这就是美的开始和美的定义本身。

除非存心罔顾事实，人们必须承认生命世界的美丽。尽管我们不知道应该怎样解释，然而事实就摆在面前，世界是美丽的，它的美眷顾每一个角落：鸢尾花间潺潺流过的溪水，庭院中伫立的一棵橘子树，或是那些更加广阔的景色，诸如冰川、沙漠、山峦、大海、风卷波浪的草原、星光闪烁的夜空……还有那些发生在相间、空隙、相交、相遇中的美：蜻蜓落在颤动的芦苇枝头，蜥蜴逶迤爬过青苔覆盖的岩石，一丝夕阳洒落陈年旧墙，在人间，一个眼神的交换有时胜过电闪雷鸣……美是那么令人痴迷和震惊，它似乎向我们示意，大自然不仅可爱，而且富有意义。正因为美，大自然在我们面前并非无名无状的偶然，而是赋有意义的显现。因此，我们每一个人在向往美的同时，也使自身的独一性变成一种显现。

首先使我们惊讶的是自然和宇宙之美，以及自然之中芸芸众生之美。然而在人类世界的特殊环境里，人们还感知到其他形式的美。一上来是人体之美的特殊魅力：它具有美的意识，甚至是向美的冲动。也就是说，这个美在某种程度上已经经过了理性的加工。在这个肉体美之外，在更高的境界，有心灵之美和灵魂之美。精神的美是内在的，它不能用外在的线条来定义，但是可以透过眼神和举止体现出来。一个热烈的眼光，清澈、深情而有吸引力；一个友善、慷慨、温柔、抚慰、献身的举止，也即一个馈赠的举止；这一切都属于更高层次的心灵和灵魂之美，它源自根本的给予，被称为友情和爱。当无私的友情和爱升华到普世的境界，它们就构成人类最完美的实现。因为无私的奉献符合生命本身降临的原则，它与本原的美，即神性启示相连。①

正是为了所有这一切美，我们才眷恋世界和生命。是美让我们往往在不知不觉中深信，生命值得经历。但是，面对美，我们又十分警惕和紧张。我们不能毫无保留地相信它，生怕被错觉伤害。人们因美而受骗上当还少吗！在恶意之人的手里，美会成为控制甚至是破坏的

① 程抱一曾不止一次谈到，耶稣受难是“最美的举止”，因为它是对生命降临的承诺，证明了绝对的善是可能的，体现了人类之神性。

工具。由于拥有智慧和自由，人类能够使一切堕落，包括利用美的诱惑力来支配美。因此，要想探讨美的问题，就必须首先区分美的本质和对美的利用。

对美的歪曲利用并不能阻止我们赞赏美，因为美从本质上说是善的。但是，这些歪曲利用却不断说明，离开伦理就没有审美可言。正因为如此，在许多语言里（梵文、中文等），美和善的词根是相通的。在《美的五次沉思》里，我们用较长的篇幅讨论了这两种人类灵魂的本质特性。让我们引用柏格森的一段话："美的最高层次就是圣恩，而圣恩这个词就包含了善。因为最高的善就是慷慨的无限给予的生命原则。这是圣恩的意义所在。"对哲学家的这一深刻的定义，我想这样回应："善是美的保障；美光照善，赋予善魅力。"

为什么美与死亡相关呢？首先是因为，与所有事物一样，美不能持续，不可把握。既然在生活中，人们相对于任何其他事物更加眷恋和关心美，那么，眷恋和关心得越深，被剥夺时也就越痛心。因眷恋而关心和因剥夺而痛心，这就是美的存在条件：它磨砺我们死亡的意识。更何况，美的存在方式不是静止的，它总是显现于一瞬间，处在隐与现之边缘。尤其当美达到极致，它会在人们心里引起一种对神圣的畏惧感，一种人力无法驾驭的炙热激情。恰如太阳，人们无法直视，否则就会失明，或是失去生命。去过海拔四千米以上的喜马拉雅山的人懂得，面对耸立在海拔八千多米的雪峰上永恒的洁白，当地居民会发自内心地顶礼膜拜。见过沙漠空旷之夜的人懂得，仰望璀璨耀眼的群星，游牧民族会虔诚地跪拜祈求。当但丁九岁那年第一次遇见贝雅特丽齐时，① 他顿时感到生命的激情如此剧烈地跳动，以至血脉偾张。九年后的一天，下午三点钟，但丁再一次见到贝雅特丽齐，并第一次听到她的问候，他觉得似乎触及极乐境界的边缘。他知道，剩下的只能在此生之外实现。

基于上述，我们可以认为，一个有心直面美并化其为作品的人，也就是艺术家，他同时直面死亡的挑战。

① 但丁在第一部作品《新生》中描述了自己对贝雅特丽齐的柏拉图式的爱情。当时但丁九岁，贝雅特丽齐八岁。后人评论认为但丁以此为原型，歌颂对崇高的爱情和神的向往。

尤其不可否认的是，艺术创作恰恰是人类试图战胜死亡命运的形式之一。所有堪称艺术的作品，一首诗、一段乐曲、一幅画、一座雕像，等等，都是朝着嬗变的努力：变孤独为开放，变受难为共体，变呼唤为歌唱，那歌声在分离和死亡造成的深渊以外鸣响。

无论是西方还是世界其他文明，真正意义上的艺术创作必须经过奥菲之道，[①]它带着欧律狄刻死亡的印记，那是奥菲以另一种体现找回欧律狄刻之道。这里仅举一个西方的例子，雨果为四年前死去的女儿莱奥波尔蒂娜写的诗：

---

① 奥菲的通行译名为“俄耳甫斯”，本书按其法文名字Orphée译为“奥菲”。奥菲是古希腊神话中最杰出的诗人，他的歌声能使猛兽俯首、树木起舞、顽石点头。奥菲的妻子欧律狄刻不慎被毒蛇噬死。他不堪悲痛，勇闯阴世，用优美的歌声打动了阴间鬼神。冥王同意他把妻子带回人间，唯一的条件是在见天光之前不许看她。奥菲在快回到人世的一瞬间，忍不住回头看了一眼妻子，从此欧律狄刻便永远消失在阴间。奥菲经此出生入死的磨砺，“给世间带回了新的知识和力量，那就是联系生和死，在可见事物之外去洞察永恒的、往返于生死之间的对应关系”（参阅马德莱娜·贝尔多和裴程的文章《美是相遇：阅读程抱一的中西对话》，载《跨文化对话》杂志，2011年，第28期）。法国当代著名诗人安德烈·维尔特在《万有之东》的序言中，赞誉程抱一为“来自异乡的奥菲”。程抱一本人也把自己的语言历程视为生存意义上的“再生”，并把“奥菲之道”和“禅”并列为创作的两大基石。

明天，拂晓，田野初白之时，
我将出发。你看，我知道你在等待。
我穿过森林，越过高山，
我不能再远离你片刻……

这些充满奥菲灵感、回溯逝者之语，已经深入我们每一个人的内心。雨果后来又在儿子的未婚妻墓前这样说道："人们把升天远行称作死亡，它的神奇之处在于，逝者并不离去。他们处在一个光明的世界，又满怀同情地见证着我们这个黑暗世界。他们在天上，却离我们很近。啊！不管你是谁，当你看到亲人在坟墓里消失，不要以为他离你而去。他始终在那里，一直在你身旁。死亡之美，就是在场。我们所爱之人的灵魂不可言喻地在场，冲着我们含泪的眼睛微笑。我们为之悲泣的人消失了，但他没有离去。我们再也看不到他可爱的面庞；我们却感到自己身处他的羽翼之下。死者不见，但并非不在……"

在中国，类似奥菲之道传统的最早代表，当属生活在公元前4世纪的屈原。这个传统后来又被受禅宗影响的艺术家继承，他们依循的是由无到有、由不见到可见、由无言到可言的创作原则。为了说明禅道[1]，我在此以公元8世纪诗人王维的两首五言诗为例：

木末芙蓉花，
山中发红萼。
涧户寂无人，
纷纷开且落。

这首诗的第三句告诉我们，这个场景里没有生灵。但其实，诗人在场，他是这一切美景的见证人。通过清净本心的静虑，诗人达到非在的状态；而正是处于这个状态，他才能进入变更之大道，在那里，死嬗变为再生。

空山不见人，
但闻人语响。

① 法语中voix（声音）和voie（道路）只有一个字母之差，发音完全相同。程抱一常常将二字连用，与“道”的双重含义相对应。

返景入深林，

复照青苔上。

这首五言诗告诉我们，诗人在山林漫步，与即将入夜的空山一样，进入空境。第三句中的“返景”描绘了落日余晖返照大地，意指游人心灵的返归。诗人只需转身（是否像奥菲那样？），就可以看见不同于寻常落日的东西，看见光不会消失：它照亮了隐蔽在更深处的东西——“青苔”，本原之处的象征。

艺术家必须比任何人都更加置身于“双重王国”的中心。他捕捉黎明冲破黑夜的瞬间，却不忽视落日归隐群山之前的余晖。他讴歌繁花似锦的大自然，同时理解枝头的寒意，那是无叶遮蔽的严冬记忆。他庆贺此地此时的生，也**唤醒**似乎失去的岁月。在创作中，艺术家实际上置身于造物主的境地，即从无中开始，让万物来临。于是，艺术之最高境界使人和神相联。

然而我们不能忘记另一类艺术家和诗人，他们不愿遵循和谐的艺术准绳，而是在形式的匀称之外寻求美。在他们对不协调、不匀称甚至对荒诞的探索中，往往不乏崇高。除了形式以外，有些艺术家准确地抓住了我们生存中固有的混乱乃至颓废因素。那些试图剖视腐烂和死亡的艺术家不愧为先驱，尽管他们具有现代意义的尝试后来转化为投机取巧的虚无主义。比如波德莱尔的诗《腐尸》。诗人描写了一具在烈日下溃烂的兽尸，它像“荡妇”一般任凭黑云般的虫蚁吞噬。接着，诗人恐惧地想象自己爱慕的女人有朝一日会落得这个结局。他唯一可以自慰的就是，现在的美丽将留下（总算还有一点）“形状和神性”的记忆。这一首诗可以让我们产生两种情感，它们看似矛盾，其实相互关联。一方面，人们悲叹美的脆弱甚至毫无意义，并且确认形体之美的不足。另一方面，人们又惊叹美的存在这个难以置信的事实。尽管它不稳定，而且终将衰毁，但是美的神奇持续不断地体现。人们从而想到庄子，他在《庄子》的最后一篇里肯定“天地有大美”，并赞美“万物一也。是其所美者为神奇，其所恶者为臭腐。臭腐复化为神奇，神奇复化为臭腐。”[①]

---

① 《庄子·外篇·知北游》。

艺术创作需要竭尽全力，或如同“和天使之战”，[①]艺术家的创作感受如同爱的激情，或许更艰难，因为他必须掌握一个形状。无论是维梅尔[②]式的和谐，还是弗兰西斯·培根[③]式的扭曲，艺术创作都需要达到一定的充满气韵活力的强度。为此，艺术家必须完全调动构成自身存在的三个因素：肉体、理性和灵魂。

我在上一次沉思中已经说明了我对这三个因素的理解。我想在此进一步展开，把这个观点运用于艺术创作这个特殊的领域。肉体是一切的基础，艺术创作始于同世界的肉体接触。不仅是接触，而且是在艺术家的内在世界和外部世界提供的实体、灵感之间的相关作用。在这种相关作用中，理性已经开始投入运作，因为这里涉及的“作”具有高度的意向性，不仅要求技术娴熟，而且需要对创作的主题有准确的把握。但是最终决定性的

---

① “和天使之战”的典故出自圣经《创世记》。故事讲述雅各夜间与一神秘人格斗至黎明不分胜负。那人不留姓名，却是神的化身，临走祝福雅各，从此叫他以色列。“和天使之战”比喻超人的努力。

② 维梅尔（Vermeer，1632—1675），17世纪荷兰画家，他的作品出色地体现了荷兰画派的艺术成就。

③ 弗兰西斯·培根（Francis Bacon，1909—1992），英国现代画家，其作品以暴力、残酷、血腥为特征。一说他是英国著名经验主义哲学家培根的后代。

因素是一个内在于个性深处的统觉，这才是艺术必须努力达到的境界。灵魂的作用就在于此。我们已经谈到，灵魂是每一个人最隐蔽的那一部分；它自生而来，甚至在人出世之前，就内在于我们每一个人，如同一道时隐时现的微光，或是一首萦绕耳畔的摇篮曲。雅克·德·波旁－比塞[①]非常形象而逼真地把灵魂比喻为“每一个人身上共鸣的通奏低音”。所有艺术作品，在其最高境界，必然是用灵魂同他人共鸣，同存在共鸣。这是每一个创作者突破时空、超越分离和死亡的手段。其目的不是交流，而是共体。

随着年龄的增长，灵魂逐渐将肉体承担的欲望和体验消化储存。我说过，灵魂的果实吸收了痛苦和欢乐、泪和血。艺术家也不例外。越是临近终点，他的作品就越是净化超脱。让我们想想米开朗基罗最后的《圣殇》，提香和伦勃朗最后的自画像，范宽和塞尚们最后的视野；但丁的《神曲》，拉辛的《费德尔》，杜甫、王维、

---

① 雅克·德·波旁－比塞（Jacques de Bourbon-Busset，1912—2001），作家、外交官，法兰西学院院士。

鲁米[①]、泰戈尔晚期的诗作；巴赫最后的声乐曲[②]，贝多芬最后的弦乐四重奏，舒伯特最后的奏鸣曲，莫扎特和福雷[③]的安魂曲……我不会忘记马勒的《大地之歌》和理查德·施特劳斯的《最后四首歌》，那是充满怀念和憧憬的嘶喊，像落日一样辉煌、崇高。其实，我们每一个人都大体知道自己临终时希望听到的乐曲。

让我们聆听：空实相合，抑扬交错，大地连续而深沉的歌声，与永恒的星辰运行的大韵律吻合。韵律有别于节奏。节奏是同一的重复，韵律则是生动之气在复杂因素之间的流动：由行进到反复，反复后再行进，音符之间的撞击，和谐的交织，在螺旋性的运动中转换曲调和音域，以臻身形之变。在这样一种境界里，死亡就是——借用克洛岱尔《缎子鞋》里的一句话——“囚魂的解脱”。

*

遗憾的是，存在并非总是像音乐那般和谐，它具有

---

① 鲁米（Rumi，1207—1273），伊斯兰教苏菲派神秘主义诗人、教法学家。

② cantate，通常音译为“康塔塔”。

③ 福雷（Fouré，1845—1924），法国作曲家、钢琴演奏家。

本质性的缺陷，人们称之为：恶。

在谈论美的时候，我们已经看到，拥有智慧并且自由的人可以使美堕落。这一点在死亡问题上得到最充分的证明，因为死亡毫无疑问会成为堕落的手段。兽性、破坏、仇恨或嫉妒、占有或奴役欲的疯狂等本能如果得不到制约，人类会在它们的驱使下把死亡变成最极端的作恶利器。一个掌握并行使生杀大权的人所剥夺的，不仅仅是他人的生命，更有甚者，在消灭一个生命之前，他可以利用威胁或酷刑肆意侮辱和蹂躏受害者，使其失去一切人性实在。他的屠杀深至灵魂，造成一个不应该属于生命世界自身发展进程的巨大空虚。他如同在生命王国里掏出一个黑洞。

依据生命的秩序，人这个具有无私之爱、普世之爱等最高禀赋的存在，原本可以中断为活命而杀戮的恐怖链。然而历史的现实证明，人类是世界最可担忧甚或最可怕的动物。相反，那些被人类按常规驯服的动物，如马、狗、骆驼、骡、驴甚至家兔，倒是保留了许多被人类抛弃的德操：高贵、忠诚、忍耐、温和、纯真。人们赞美人类的机智，而且常常以此来证明人类的优越性。

然而人类的一切机智以及因此而突飞猛进的现代技术，随着自身的完善和发展出现了最可怕的偏离：技术使酷刑越来越精准，让大规模杀伤的手段效率倍增，创造了集中营。20世纪让我们见识了人类发明的形形色色的杀人手段：从最原始到最复杂，从个体到群体。谁能想象那个落入“野蛮帮”之手的年轻人被折磨致死的经历？①谁能想象那个被虐待狂监禁的女人在地窖里度过的日日夜夜？②当成群的人被仇恨激怒而投入屠杀，没有任何力量能阻止他们的疯狂和对生命的践踏。在有些屠杀场，刽子手为省事提高效率，逼迫受害者挖掘大坑，然后用枪托和刺刀把他们赶入坑里活埋。在另一些场合，临死之人请求行刑者一枪了断，以免刀刮之苦。面对这个请求，刽子手却狂吼：“为你这种畜生花费子弹，值吗？做梦！”还有一次种族清洗，在离我们不远

---

① 2006年1月，一名叫伊兰·哈利米的犹太青年在巴黎郊区被一个自称“野蛮帮”的伊斯兰犯罪团伙绑架，被监禁和折磨致死。主犯于同年2月被抓获，2009年4月至7月开庭审判。此事件在法国乃至欧美引起强烈反响，成为法国当今反犹太种族主义的典型案例。

② 2011年1月，巴西圣保罗市警察逮捕一名64岁男子。他将自己的妻子囚禁在12平方米的地下室内长达16年，同时和另一个女人同居。

的地方，[1]刽子手当着母亲的面杀死婴儿，然后再杀死母亲；或者当着丈夫的面强奸妻子，然后再杀死丈夫。恐怖，恐怖的20世纪抹去了刻在门楣上的尊重生命的最高法典："不可杀人"。

这是一条包含在所有文化中的戒律。高声咏诵以彰显，这是希伯来人的传统，对于他们来说，这是来自上天的神圣戒律。所有人类社会都必须以一定的戒律为基础。不伦乱是第一戒律，但是"不可杀人"是最根本的。于是，在离"二战"残杀不到三十年的时候，当听到有人随随便便地叫喊"禁止禁止"[2]时，我不寒而栗。诚然，必须抵抗一切压迫和非正义的禁止。然而，这与取消一切界限存在差距，这就是文明与野蛮的差距。因为，自由是生命的法则，而非任何其他东西。把维护人类尊严的真正自由和以取乐为准则的放任混为一谈，是可悲的曲解。当时最令我担忧的是，听不到一个有见识的知识

① 1995年波斯尼亚斯雷布雷尼察屠杀事件。

② "禁止禁止"（Il est interdit d'interdire）最早由法国RTL电台记者让·雅南（Jean Yanne）说出，起初是一句玩世不恭的俏皮话，后来在法国68年风潮时期成为自由主义格言。

分子起来反驳这种荒诞的言论。在认真读了几位令人敬佩的“思想导师”的著作之后，人们发现，他们的思想得出了同样的结论：“一切皆许可。”这怎能不让我们想起陀思妥耶夫斯基？当时他因19世纪末兴起的虚无主义而担忧，于是警告说：“假如没有上帝，一切皆许可。”

20世纪末，有人不仅宣告了上帝之死，而且宣告了人之死。[①]作此宣告，不知道是一个简单的见证，还是一个警告？如果是后一种情况，人们自然会等待警告者在道德领域提出新的价值标准。可惜没有。事实是，一旦抛弃了神圣的理念，人就无法建立一个真正的价值秩序。人们可以试图从外部强加一些规则，但这终将是徒劳的：它们没有深入灵魂，因为它们不来自真正的生命之源，也就没有生命力。

这样一种解除所有界限的意愿，出自普遍性的反神圣化的意愿。我认为这是一个严重的错误。因为一个没有神圣的世界只能是一片混乱的世界。正因为如此，必须重新树立根本性的神圣，也即生命之神圣。同时也必

① 指福柯最早在《词与物》里提出的观点。

须确认每一个人死亡的神圣——再强调一遍，死亡被视为每一个命运不可剥夺的果实。我们几乎忘记了史前史专家的启示：对死亡的关注是人类起源的标志之一。我们赞美安提戈涅[①]，似乎仅仅因为她对抗王权的勇气；然而我们几乎忘记了，她之所以献身，是为了表明每一个人死后应有的葬礼是受之神意。她告诉克瑞翁和我们所有人，照料死者的遗体属于超越的原则，是一切人类规范必不可缺的。

所有罪恶都施暴于受害者的肉体，剥夺他们属于自己的死亡。施加于群体的罪恶强化对死亡的剥夺，无异于非人化的暴行。在人类历史的长河中，这样的悲剧并不罕见，然而到了20世纪，由于前面提及的技术败坏，残忍的程度成倍加剧。纳粹实施的种族灭绝将罪恶的暴行推至登峰造极的境地。纳粹以冷酷的理性操作，让死亡工业化，使死亡失去了自身的意义：成年累月，死亡

---

① 安提戈涅是古希腊神话故事中的人物。摄政王、俄狄浦斯的舅舅克瑞翁以背叛城邦罪命令将波吕涅克斯暴尸城前，扬言谁若为其收尸便处死谁。安提戈涅不顾禁令，为其兄波吕涅克斯收尸埋葬，随后被囚禁坟墓中至死。古希腊剧作家索福克勒斯以此为题材创作了著名悲剧《安提戈涅》。

工厂日产数以千计的尸体，不留下丝毫逃离恐怖的生机，这样的死亡已经失去任何人性的意义。我说过，死亡是人生最珍贵的财富之一。从这个意义上说，死亡已经在奥斯威辛集中营死去。当数百万男女老少的身体被化为灰烬，甚至更残忍地被用作原材料（女人的头发、镶金假牙、制成肥皂的人体油脂……），是的，我们可以说死亡被杀害了。换言之，纳粹的罪行不仅仅满足于组织一个民族的灭绝，而且它努力使这个灭绝本身灭绝。从而在未来，永远没有人记得这些被毁灭的生命，似乎这些生命从来没有存在过：他们的死，如同他们的生命一样，必须永远消失在夜与雾之中。[①]

希特勒政权在崩溃前，没能及时销毁成群骨瘦如柴的身体和成堆不知姓名的骨骼。假如我们以这些画面难以忍受、无法使我们快乐地生活为由，试图将它们遗忘，我们就成了罪犯的同谋。值得庆幸的是，我们之中很多人还能透过每一副干瘪的肉体看到一个灵魂，比如

① 《夜与雾》（*Nuit et Brouillard*）是法国导演阿兰·雷乃（Alain Resnais）和历史学家亨利·米歇尔（Henri Michel）于1955年拍摄的纪录片，记述了“二战”期间纳粹集中营的史实。

像诗人本杰明·方达纳[①]那样的灵魂，他在1944年死于奥斯威辛集中营：

我的话对你们说，两极人，
是人与人之间的谈话，
用我身上仅存的一点属于人的东西，
用我喉咙里仅有的一点声音，
我的血洒在路上，不要，不要让它
化作复仇的呐喊！
（……）
渴望平息的那一天终将到来，
我们将超出记忆，死亡
会终结仇恨的劳作，
我将是你们脚下的一束荨麻，
——那么，要知道，我曾经有过一张面孔
和你们一样。有过一张嘴做祈祷，和你们一样。

① 本杰明·方达纳（Benjamin Fondane，1898—1944），犹太裔无神论诗人、剧作家和哲学家。“二战”爆发后，他加入法国抵抗组织，曾被捕，后越狱。1944年被法国维希政府逮捕送交纳粹集中营。同年10月被关进毒气室处死。

(……)

然而，却不一样！
我曾经不是同你们一样的人。
你们不在路上出生，
没有人把你们的孩子
像没有睁眼的小猫一样扔进阴沟，
你们不曾逃亡，
被警察逐城追捕，
你们没有见过拂晓降临的灾难，
装运牲口的车厢
和受辱的悲泣，
被无端指控，
一个没有尸体的谋杀罪，
更名易容，只为
不再用一个被人嘲哄的姓名，
不再有一张遭人唾弃的面孔！①
……

---

① 皮埃尔·西格尔（Pierre Seghers）：《抵抗运动和诗人》（*La Résistance et ses poètes*），第297页，西格尔出版社，2004年。——原注

所有受害者都和方达纳一样，经历了极度的痛苦和悲伤，极度的孤独和绝望。但是，在最终考验来临的那一刻，他们之中许多人都呼唤着自己最亲爱之人的名字。他们保留了人之为人的一切意义，刽子手则自毁于丧失人性的罪恶深渊。

面对这样极端的恶，以及它曾经并且仍在继续造成的无可言喻的苦难，我们还能说什么呢？我只想说一句话，以表明自己深深的信念：如果有一天要拯救这个世界，那么一定需要所有无辜的受害者一起来实现。

# 第四沉思

亲爱的朋友们，我们在前几次沉思中已经看到，生命把肉体的死亡作为自身的法则，生命因此成为生命，也即成为变化的进程。死亡是一种生命状态的终结，因此，没有生命就没有死亡。肉体死亡不可避免，这恰恰从反面揭示了生命才是真正的绝对性原则。世间只有一个历程，就是生命。生命一旦降临，必将继续自己的历程，任何事物都无法阻挡。我这样说，并不仅仅针对拥有各种宗教信仰的人，他们对这个真理深信无疑；我同时想到所有真诚相信事实的人。比如斯宾诺莎，他说过："生命的本质是永恒的。"再如没有特别宗教信仰的中华民族，他们深信前面已经提到的箴言："生生不息"。这个论断的基本观点就是：大道是一个不断变化的历程，遵循不同层次间转化的法则，世间一切经历不是徒劳的消耗，相反可以成为进入另一个生命层次的生存因素。

生命作为一种演变的历程，充满了变更和转化的潜在性……既然如此，我们终究要面临一些不言而喻的问题：个体的死亡是怎么一回事？如何对待每一个人内心埋藏的永生之梦想？我们究竟能够期待什么？作为语言和理性的存在的人类，我们知道不可能在肉体层面为这些疑问找到答案，因为肉体终将消亡。那么是否应该转向灵魂层面去寻找答案，既然灵魂是每一个体独一而不可替代的因素，并且吸收了肉体和理性的禀赋？是否可以接受灵魂不死的期许呢？关于这个问题，不要以为我会像法官一样给出一个判决式的答复。其实，没有人能给出这样的答复，道理很简单：生命本身是一个演变的历程。我在此作沉思，而非开讲座。我在你们大家的陪伴下，小心翼翼地探索前进，力图使自己尽可能地贴近真实。

让我们先来考察一下灵魂在人死后离开肉体继续存在的观点。这个观点被所有宗教笃信，而且在众多文化中依然很活跃。比如在伊斯兰教里，末日审判是终极事件，证实作为再一次创世的复活；每一个灵魂将由此认识真神及其价值。至于印度教，听听拉玛那·

马哈希[1]的教导："每一个存在都是明显的事实，无论是否在肉体之中，也无论处于清醒、做梦或沉睡状态。那么为什么要受肉体的束缚呢？让人们找到永恒的自我、死去，达至永生和快乐。"

让我们再来考察一下中国人是怎样看待这个问题的。在古代，这个宗教观念相对较弱的民族本能地相信灵魂不朽。"魂"字包含了超越死亡权限的"鬼"字。到了公元前4世纪，灵魂的概念有了一个比较明确的表述。它由两个互补的部分构成：魂，"清而有识"；魄，"浊而有感"。[2]人死以后，清魂升天，浊魄入地。大体来说，这个观点被道家接受。释家传入中国后，带来了转世的观念。这些信仰都认为人死之后灵魂不会迷失游荡，人们祈祷使灵魂有所归。到了近现代，中国社会经历了许多动荡，尤其是在"破除迷信"的思想指导下，许多概念变得模糊。然而有趣的是，即使是坚定的唯物

---

① 拉玛那·马哈希（Ramana Maharshi，1879—1950），被公认为印度教传统最著名的上师之一。一生少有著述，以问答方式阐述教义。其口述被后人整理出版。

② 《左传·昭公七年》孔颖达疏："魂魄，神灵之名，本从形气而有；形气既殊，魂魄亦异，附形之灵为魄，附气之神为魂也。附形之灵者，谓初生之时，耳目心识手足运动啼呼为声，此则魄之灵也；附气之神者，谓精神性识渐有所知，此则附气之神也。"

主义者，也会在追悼革命英烈的挽联上写诸如“精神不朽”“英灵永存”等悼辞。毛泽东在晚年意识到自己来日无多，也不只一次说过：“我快要去见马克思了。”

在西方，受柏拉图主义和犹太-基督教传统的影响，灵魂不死的观念被普遍传播和接受，至少延续到18世纪中叶。近代以后，这个观念不断遭到无神论思想的冲击。然而，无神论和有灵论之间的阵营并非那么泾渭分明，因为二者之间存在着不可知论。所以，必须在我们的观察思考中作细致的区分。在此，我想谈谈与灵魂以及灵魂共体相关的一些特殊经历，它们使我感触很深。

*

如果沿地中海岸从法国去意大利，在经过热那亚和拉斯佩齐亚之后，人们会穿过利古里亚海湾的一系列沿海小村镇。它们过去都是渔港，依山而立，环抱弧线柔美的海湾。这些沿海的村镇被称为“诗人海湾”，因为这个美得出奇的地方自古就和诗人结下不解之缘，最早的有维吉尔和但丁。到了19世纪初，这个历史悠久的意大利诗人故乡迎来了两位非凡的英国诗人，他们就是乔治·拜伦和珀西·比希·雪莱。雪莱和妻子玛丽（她后来因为创作了“科学怪人”而出名）以及另一对朋友一起，选择在莱里奇定居。两对友人共住一座大古宅。宅子外墙雪白，背靠一座郁郁葱葱的山丘。走出宅院，穿过村子，就来到海滩。雪莱曾经在这里沐浴着自然界的大美，沉浸于高强度的文学创作——他翻译了柏拉图、埃斯库罗斯、斯宾诺莎、歌德……此外，他一直对英国社会不满，而且处于对妻子玛丽和珍妮[①]的爱情纠葛和烦恼中。珍妮经常和其他友人来访，雪莱曾作了几首精美的诗献给她。正是在这样的处境下，雪莱收到噩耗：另一位天才诗人，约翰·济慈，在极其痛苦和悲惨的境况中死在了罗马。济慈当时遭到文学界的疯狂攻击，又身患肺结核，他也不得不逃离英国。雪莱陷入极度的悲痛，立即伏案创作一首巨幅挽诗，如奥菲绝唱，献给济慈。这首以《阿多尼斯》命名的诗长达五十五节，被后世视为雪莱最著名的作品。让我们一起念一下最后一节：

---

① 珍妮·威廉姆斯（Jane Williams，1798—1884）是雪莱和玛丽在意大利期间的朋友。雪莱对其萌生爱慕之情，但两人始终相互礼敬。

我用诗歌所呼唤的宇宙之灵气
降临到我了；我的精神之舟在飘摇，
远远离开海岸，离开胆小的人群——
试问：他们的船怎敢去迎受风暴？
我看见庞大的陆地和天空分裂了！
我在暗黑中，恐惧地，远远漂流；
而这时，阿多尼斯的灵魂，灿烂地
穿射过天庭的内幕，明如星斗，
正从那不朽之灵的居处向我招手。①

需要说明，雪莱是公开的无神论者，济慈却认为“地球是生长灵魂的河谷”。②然而从根本上说，个人的信仰在此已经没有意义了。在诗的最后一节，雪莱表现出要与济慈的“不朽灵魂”重逢的强烈欲望：“阿多尼斯的灵魂，灿烂地穿射过天庭的内幕，明如星斗，正从

① 《雪莱诗选》，罗贝尔·埃尔罗德（Robert Elrodt）译，英法双语对照版，法国印刷局，2006年。——原注

[中文系查良铮译。——译者]

② 原话出自济慈1819年给弟弟乔治·济慈和弟媳乔治亚娜·济慈的信：《如果你们同意，那么就把世界叫作“生长灵魂的河谷”》。

那不朽之灵的居处向我招手。”

怎样才能与济慈的灵魂重逢呢？借助于水。因为在罗马的济慈墓碑上刻着：“名字写在水面的诗人于此长眠。”似乎凭直觉，雪莱写道，“我的精神之舟飘摇，远远离开海岸”，稍后又写道，“我在黑暗中，恐惧地，远远漂流”，他向阿多尼斯灵魂的灯塔航行。是直觉还是预感？不到一年以后，雪莱在一位友人的陪同下乘帆船出海漂游。一场骤发的暴风雨吞没了帆船。诗人的尸体被海浪卷到维亚雷焦海滩。人们在他的衣兜里找到一本济慈的诗集。诗人的亲朋好友急匆匆赶到，其中就有拜伦。人们就在海滩上架起柴堆，将遗体火化。就在这天晚上，在冲向星空的火焰照射下，悲痛欲绝的拜伦扑入大海，奋力游向远方。

我从十五岁开始接触西方文学，最初读的就是英文诗。我房间的墙上挂着济慈和雪莱的画像。济慈只活了二十六岁，而雪莱死时也只有三十岁。我曾经说过，我原以为自己活的时间不会比他们长。就是在那个时期，有一天我读了雪莱在亚平宁高山上作的一首诗。诗人坐在岩石上，周围松香缭绕，蜂鸣阵阵，他遥望着夏日午后波光粼粼的地中海而沉思。我顿时萌生有一天能感受同样情景的强烈愿望。当时中国正处于战乱，我住在一个偏僻的村子里。那时的我还从未见过大海，也不敢想象有朝一日能走近海岸，更何况是遥远的地中海。不知是什么奇迹让我有一天来到了欧洲，成为法国诗人。我的诗被另一位诗人翻译成意大利文，他是米歇尔·巴拉尔蒂，今天也在场。就这样，有一天我被授予闻名遐迩的莱里奇诗歌大奖。那是2009年，我正好八十岁。莱里奇！可以想象我激动的心情：如梦幻一般，我竟然来到少年时心目中的守护神居住过的地方。

站在下榻处的凉台上，我可以望见那雪白的古宅。清新的黎明中，灼热的午日下，辉煌的晚霞里，它依然如故。我感到它如此亲切和熟悉，早已在内心把它视作回响着悲哀和庆贺高歌共鸣的圣殿。一个月圆的夜晚，海浪声中，我像是回到了十五岁的少年，耳畔响起一个略带牛津腔的声音："你瞧，我们亲爱的济慈说得对。地球的确是一个引导人们嬗变成灵魂的地方。一旦变成灵魂，我们便可以相聚，没有任何距离能把我们分开！"就这样，在雪莱和我之间产生了一种不可思议的默契，它非但不封闭我的人生，反而敞开了一个无法期遇的开放。我毫无疑虑地走进另一个“空间”。

*

请允许我再讲述另一段经历，它发生在前不久，更带有个人色彩。几天前，我正在准备这一次沉思的内容，一位参加我们交谈的友人捎来了一封法国华裔大提琴演奏家赛西莉亚·章从美国写给我的信。她想请我谈谈她的父亲，因为她或许知道我是见过她父亲的人里唯一在世的。这个请求一下子把我拉回到六十年前，1950年代初。那个年代如此久远，真让我恍若隔世。

那时我还年轻。流亡异国他乡，对日常生活束手无策，这使我处于烦恼和忧虑之中。赛西莉亚·章的父亲和我一样，也是一个流亡青年，而且不会打理生活。但幸运的是，他结婚了，而且已经是一个孩子的父亲。尤其和我不同的是，他非常明确自己将来要做什么：成为一名音乐家。他叫国灵，毕业于上海音乐学院，在同辈人中出类拔萃。他在温柔可爱的妻子的陪同下，来到法国继续深造音乐艺术。关于他，我常说“他只为音乐而活”；也不知为什么，我总是本能地把他比作乔治·比才[1]。可能是因为他非凡的节奏感和乐感吧。记得有一次听国灵作品充满迷人旋律的演奏，我跟他学会了一些法语音乐词汇，其中就有“通奏低音”。如前所述，我常常借用友人雅克·德·波旁-比塞的那句话，用这个音乐词汇定义灵魂的存在意义。国灵家住在巴黎郊区，外出骑自行车。一天晚上，他没有回家。黑夜里，他撞在一棵树上，当场死亡，留下无底的沉寂，一首未了惊歌。赛西莉亚出世才四十天。可以想象，她的母亲在贫困中为了独自抚养两个幼女，走过了多么艰辛的道路。

在收到赛西莉亚的来信之前，我和她从未有过接触。我只是在八九十年代，从法国音乐电台里听到过几次她卓越的演奏。我当时感叹：“啊，她继承了父亲的灵魂！”当我几天前收到这封不期而至的信后，我为她如弓弦般震颤的文笔所动，于是给她写了这首诗：

---

① 乔治·比才（Georges Bizet，1838—1875），法国作曲家，代表作是歌剧《卡门》。

肉性灵魂，[①]每个生命的通奏低音
随另一个生命的触摸
震颤、共鸣

冉冉升起
觉醒而惊奇
唤醒而令人沉迷

久远的童谣
曾经明快却被遗忘
尘封后被记起
咏颂它完满的显现
在那里，绽放的百合终于汇入星辰……

---

① 肉性灵魂（âme charnelle）是程抱一有关灵魂问题思考的一个重要概念。他认为，灵魂不是一种脱离肉体而虚无飘渺的超验存在。灵魂存在于肉体之中，通过肉体显现并实现它的独一性和同一性。所以，谈论灵魂，必须与我们现实的肉体存在相结合。只有承担了肉体的一切实在的条件，才能实现灵魂的超越。如果说个人灵魂与宇宙灵魂（天道）共鸣的观念承自道家思想，肉性灵魂则来自基督教道成肉身的观念。灵魂在肉体存在中实现超越、与宇宙的大道共鸣的观念，是程抱一融合中西思想的典范。

这不恰是存在的乐章吗？
自原始
寻求知音
等待
每日每刻
一生一世
那只终将懂得触摸里拉之手。[①]

赛西莉亚被我的诗打动，很快默记于心。她把诗转交给友人、作曲家埃里克·唐吉，请他谱曲，并建议："这曲目是否可以叫《百合与里拉》，您看怎样？"的确，这个曲名非常恰当。两个词音之间的关联引发百合与里拉两个存在之间的关联。在我看来，这种关联提出了对存在之间的变更和聚合进程的思考，在脆弱而"终

① 法语中"百合花"（lys）和"里拉琴"（lyre）两个单词的第一音节不仅谐音，而且共有两个相同的字母l和y。程抱一巧妙地利用它们之间发音和书写的近似引发联想，从而诗化地阐述生命在更高的自然之道的层次转化嬗变的观点。由此也折射出程抱一把中文文字联想特征运用于法文诗创作的特色。从哲学的意义上说，程抱一关于灵魂不死的沉思，超出转世轮回或天堂地狱等宗教的范畴，是从本体论的角度对生命存在现象的思考。

将凋零”的百合与里拉永恒绝唱之间显现。我由此而思：百合有朝一日绽放为里拉。

我刚才讲述的经历使我深深感到一种灵魂与灵魂之间的传递，这是一种奇特的信念，某个东西在某处终于实现，变体的时刻终于到来。

*

现在我想见证一个自己多次经历过的个人感受。由于高龄，我有过多次在病榻前与好友诀别的经历。我谙熟他们的音容笑貌、喜怒哀乐。每一次，我都被存在于那个独一的生命和眼前这具僵硬的尸体之间的反差深深触动。毫无疑问，这个瞬间失去生命的肉体曾经属于一个亲近的人，但是我知道，他的存在绝不会仅剩下这些，他已经不可思议地解脱、化一、在别处。他从此以不同的方式在场，异常地在场。这样的场合会使我想起谷克多[①]说过的一句话。他看到季洛杜[②]庄严的灵车驶

① 让·谷克多（Jean Cocteau，1889—1963），法国诗人、剧作家、小说家，被视为对法国20世纪文化影响最大的艺术家之一。

② 让·季洛杜（Jean Giraudoux，1882—1944），法国作家和外交活动家，尤其以两次世界大战期间的剧作而著名。

过，灵感突发，对在场的朋友们说："瞧，他不在那儿，我们走吧！"我也想起过突然离世的加缪，他的死曾令举世震惊。我们之中许多人都读过加缪的著作，了解他拥有敏锐的智慧，充满激情，渴望生活，热切寻求正义和同情。可是当时的报刊却绞尽脑汁地用文字和图片描述加缪的死况：血肉模糊、骨碎肢离。[①]我记得当时心里产生一种反抗情绪——"反抗"也是加缪喜欢的用语：难道这样一位有尊严的人，一个高尚的精神，就在瞬间变成一堆碎片了吗？"荒唐"——加缪喜欢的另一个用语——荒唐的结局。除了悲剧，这甚至有些滑稽可笑。但是，除此之外，远远超出我们滑稽与可笑的脆弱肉体，有一个崇高而神圣的存在。没有任何事物能使这个人、这个灵魂不曾存在。没有任何事物能抹杀他的独一性。让我们重温扬科列维奇说过的一句话："生命是短暂的，但是活过短暂的生命这一经历却是永恒的事实。"[②]

---

① 加缪于1960年1月4日死于车祸。

② 扬科列维奇（Jankélévitch，1903—1985），法国犹太裔哲学家。这句话出自他的晚年著作《论死亡》（*La Mort*）。

然而加缪，如同所有会死亡的人一样，一直是一个谜。他到底是一个什么样的人？为什么他曾经在那里，带着一张独特的面孔和一个独特的名字？他的大脑运转难道是徒劳无益的吗？他的心脏跳动也是可有可无的吗？这些问题，我们同样可以向自己提出，于是我们又回到那堵终极问题之墙：我们从哪里来？我们是谁？我们要到哪里去？不过这堵墙总算给我们送来一些回音，因为我们至少可以确定一件事情，那就是：我们来自大自然，无论我们个体发生了什么，大自然依然静静地在那里，壮丽而辉煌地在那里。至于其他事情，恐怕只有上帝知道是怎么一回事……

上帝？这个词似乎在不经意间脱口而出。那么，这究竟是一个词，还是一个专有名词？至少，这是一个有争议的词。它被一些人接受，而遭到另一些人拒绝。我很少用它，至少不会轻易用它，我甚至可以完全放弃用这个词。既然如此，就应该坦率地承认，必须发明另一个名词来代指所发生的一切，代指那个制定万物法则之在，这些法则运行之精确复杂，令人惊叹，而且经久不息。有那么一种观点，认为大自然无意中偶然出现，不知不觉中产生像我们这样有意识却短暂的存在；我们在短暂的瞬间中看见并认识到了大自然永恒的存在。我们已经看到，这样的观点不能令人信服。为了使上帝的观点基本上让大多数人接受，我们不妨尝试着从一个最简单的论点出发，就是把上帝定义为大自然和生命降临、大道运行的起点。

在上述假设中，我们是否可以把一个抽象的代名词或一个原则用一个存在来代替？既然我们是具有肉体、理性和灵魂的存在，我们也会用同样的方式去认识上帝的存在。与“上天”之间，我们只能寻求一种存在与存在之间的关系。这个要求完全合乎情理，否则，我们怎样与一个抽象而不可名状的原则发生关联？通常被认为是“非宗教性”的中国传统思想也不否认这样的关系。这个思想确认大道之中的“神”和“圣”，称之为“神气”或“神明”。这些神圣的因素可以被认作一种内在的现实，人们可以与之进入联系和交流。伟大的庄子在他的论著中多次提及“造物者”。

承认上帝是否降低了我们自己？相反，把自己纳入大道的进程只能让我们提升。里尔克就认识到了这一点，他写道："最终在我身上，有一种体验上帝的方式和激情，绝对无法言喻……我这一生没有别的，就是发现和验证我内心的一角，它使我能够在这个世界上遇到的所有神殿中赞美那至高无上者。"[①]

我们需要命名上帝，因为我们坚定地由生命秩序出发，沉思自己的生存极限，即死亡。我们需要和祂交流，向祂询问可能的出路。把自己放在与上帝对话的位置上，甚至假设上帝造我们就是为了需要一个对话者，这是否有些狂妄？在此，少不了又会有人提醒我们，别忘了哥白尼革命已经证明我们处在一个孤独而微不足道的世界。曾几何时，当人们发现地球不是宇宙的中心，也不是上帝的宠儿，它不过是太阳系里的一个小土块，整个西方世界为之震惊。当人们进而得知，太阳系本身也只是巨大银河系的一小部分，而银河系在由亿万星系构成的无限宇宙中几乎可以忽略不计，这个震惊更是非同小可。直至今天，真正意识到这个现实，怎能不令人瞠目结舌？然而，震惊过后，人们不禁要问："地球不

① 卢·阿尔贝-拉扎尔（Lou Albert-Lasard）：《里尔克小传》（*Une image de Rilke*），风雅信使出版社，1953年。——原注

在中心？那么中心在哪里？”对于熟悉道家观点的人来说，万物的运动是循环的，一切相联相辅。大自然不断地扩展，然而始终受一个循环不息的气支配。如果这个观点是真实的，那么万物相连。哪里有一只睁开的眼、一颗跳动的心，哪里就是中心。

再重复一次，我们属于一个巨大的历程，那就是生命，这是毋庸置疑的事实。但是坦率地说，我们是否确切地知道自己在这个宇宙历程中扮演的角色？我们是否是既不知道剧情也不知道结局的演员？我们真的一无所知吗？并非完全如此。对于生命的奥秘，我们多少知道一点。我们每一个人身上都具有人类的担负。所谓人类的担负，就是生命的极限条件：天堂和地狱，巅峰和深渊，向最崇高境界的升华，向无比残忍的堕落，出神入化之快乐的瞬间，极恶所造成的难以忍受的痛苦。所有的挫折和未实现的愿望在人类身上掘开一个无底的深坑，唯有永恒才可以填平。我们的真理不在于拉平或抹杀这些差异，而在于嬗变和变形。唯有承担痛苦和贫困的折磨，我们才能得到真正的快乐；唯有坚守被苦难碾得体无完肤之身，我们才能获得真正的平静。这就是真正生命的代价。

人类历史上出现过一些可敬佩的代表，他们给世界带来光和安慰。他们使人类伟大，不断地把我们向着崇高提升。有一天，我们之中的一人站出来，走向生命的极限，用自己的生命担负起人类所有的苦难，从而使最底层、最受痛苦折磨的人能够在他身上找到认同和温暖。他之所以这样做，并不是为了在痛苦中寻求自慰：他接受被钉在十字架上，是要向世界展示，绝对之爱是可能的，是要展示一个和死一样强大，甚至比死更强大的爱，这使他能够原谅对自己行刑的刽子手："宽恕他们吧，他们并不知道自己在干什么。"这些话既是向上帝的请求，也是对我们的教导。他告诉我们要加入神的宽恕，把人类的进程和神的进程联系在一起，把每一个人的独一性和存在本身的独一性联系在一起。说这些话的人打开了走向大开的通道。在他身上，死亡已不再仅仅是生命之绝对性的验证，也是爱之绝对性的验证。他改变了死亡的性质和范围：死亡从此成为无极之气循环变形的开放。

是的，他使死变成真生。而这一切都发生在我们的地球上，发生在人类历史的一个关键时刻。从来没有人做到过。无论我们个人持何信仰，都应该承认基督所做的乃是影响人类意识的最高壮举之一。

许多人，包括无神论者或怀疑论者在内，都承认这个事实。然而关于上帝，我们又能说些什么呢？我们又能对祂说些什么呢？假如是谈论“他”，那么怎能不在一个如此宏大的话题面前放弃夸夸其谈的虚荣？假如是和“他”对话，又怎么能避免发牢骚：为什么创造了如此糟糕的世界？为什么容忍恶恣意泛滥？为什么面对那么多无缘无故的苦难保持沉默？为什么如此消极，甚至冷漠？……疑问汹涌而至，我们却一片茫然。上帝确实保持沉默。或许祂不得不沉默。

在此，我建议做一次与第一沉思中类似的尝试：反转我们的立足点和着眼点；与其总是站在造物主的对面像叛逆者或祈求者一样揣度祂，不如站在造物主这一边，看看祂能做什么。出奇的狂妄，甚至亵渎。然而我们已经别无选择，唯有这个转折才能拯救我们，帮助我们对这些问题形成更清醒的认识。恰如德日进所说：“创世对于万能之主而言并非轻而易举、随心所欲之事。这是一场经历和冒险，是一场需要造物主全部投入的战斗。”

说到生命的降临，造物主从一开始就面临一个两难的抉择。和我们一样，祂原本希望创造一个完美的世界。为了达到这个目的，祂只需要创造一群完全顺从、如同机器的人。所有人的起居皆听从祂的号令。这样，我们就不再处于生命的秩序，造物主因而也没有丝毫乐趣可言。若要使生命达到意识，并能对万物产生认识，从而与造物者对话，就必须赋予生命智力和自由的秉性。如果造物由圣爱的原则驱动，这些秉性就更不可缺少。

于是立刻会出现一个问题，使生命成为悲剧，就是我在上一次沉思中提到的根本性的恶。人类既然拥有智力和自由，一旦受占有和统治欲的支配，就会使一切堕落，造成无以言喻的苦难，甚至威胁生命进程的继续。既然如此，上帝能否适时介入，添枝加叶地修缮，或大刀阔斧地改进呢？当然不行。上帝既然是大道之行的保障，就不可能随心所欲。真正的创世是一种完全的、毫无保留的给予；它不可能即兴发挥、随意更改。儒家经典《中庸》也依据孔子的思想认为:“诚者,天之道;诚之者,人之道也。”

在这样的前景之下,生命的进程就是一个巨大的历程,会得到卓越的发展,也充满了难以预测的陷阱。生命进程对于人和上帝都是一种历险。更确切地说,人类的历险成为上帝的历险:如果人类失败了,就意味着上帝的失败。这个使生命降临、让大道运行的上帝,不是帕斯卡批判过的笛卡尔的上帝:似乎只需在初始时弹指推动世界,之后随其运行。非但不是如此,而且祂是未来之上帝,祂不断地降临。正如摩西听到祂亲口所述:“我是我将是。”人类的变化属于祂自身的历程,所以上帝也和我们一起处于变化之中。

必须说明的是,上帝既是未来之主也是记忆之主。因为,真正的未来就是所有过去经历的变体。正因为如此,已经降临和即将降临的一切,构成一个永恒的现在。上帝不会遗忘,祂陪伴万物,接纳万物,最终使万物变更。比如普鲁斯特在《追忆似水年华》中,以自己的方式表达了同样的理解。在这本书的结尾,也是作者生命的尽头，他是这样描述贝戈特[①]之死的："永远死了吗？谁能说得清呢？（……）此生发生的一切仿佛我们是带着前世承诺的重负进入今世：在我们现世的生活条件下，没有任何理由要我们必须行善、体贴甚至礼貌；有学问的艺术家也没有任何理由自以为必须把一个片断重画二十遍，由此获得的赞美对他那被蛀虫啃咬的躯体无关紧要。正如一段以精巧技艺画就的黄墙，在大致推断维梅尔的名字之前，一直无人知晓是出自哪一位艺术家。所有这些在现实生活中没有得到认可的义务似乎属于一个不同的世界，一个建立在善良、谨慎、奉献之上的世界。那个世界与当今世界截然不同。我们来自这个不同的世界，又在当今世界再生。也许我们还会回到那个世界，在那些不知名的法则下生活，我们服从那些法则，因为我们的心为之熏陶，然而却不知道它们由谁规定……"[②]

---

① 贝戈特，普鲁斯特小说《追忆似水年华》中的人物。通常认为，这个作家人物的原型是普鲁斯特非常推崇的法国作家阿纳托尔·法朗士（Anatole France，1844—1924）。

② 马塞尔·普鲁斯特（Marcel Proust）:《追忆似水年华》（*À la recherche du temps perdu*），《女囚》（*La prisonière*），伽利玛出版社。——原注

[中译参阅周克希、张小鲁、张寅德译本，译林出版社，1991年。——译者]

作为记忆之主，上帝无处不在，无论祂怎样为我们操虑和关切，祂依然保持沉默。在新秩序到来之前，上帝必须让宇宙万物依照运行的动力继续变更，直至尽头。只有在一切经历的基础上，变形才能够实现。从这个意义上说，上帝只能沉默，以自身的方式显出祂的“脆弱”。正因为如此，我们这些处在由极恶挖掘的深渊的人，听到了艾蒂·希勒申的声音。那声音那么微弱，却又那么清醒和坚毅：“这是令人恐惧的时代，我的主。这天晚上，我第一次彻夜不眠地待在黑暗中，灼热的眼前，不断显出一幕幕人间苦难的图画。我的主，我要向你许一个诺，哦，一个微不足道的诺言：我不会让对未来的恐惧像累赘一样悬挂在现今；不过这需要磨练……我会帮助你，我的主，帮助你不在我身上熄灭，但是我事先不能做出任何保证。然而有一点对于我来说显得日益清晰：不是你能帮助我们，而是我们能帮助你，这样我们也就是帮助我们自己。”[①]这些话就像是艾蒂对其热爱的诗人里尔克的著

① 《动荡的一生》，第166页。——原注

名诗句的回声：

> 你将怎么办，我的主，假如我死了？
> 我是你的瓮，假如我破裂了？
> 我是你的饮品，假如我腐败了？
> 我是你的道袍和使命，
> 没有我，你将失去意义……[①]

不同寻常的共同历程，唯一真正有价值的历程，否则——再重复一遍——宇宙的一切辉煌都徒劳无益。是的，天地间唯有一个历程，在永恒中降临，在永恒中继续。怎样继续？同一的无休止的延伸吗？我们所有人都像兰波一样，会于一生中的某一天或某一刻惊呼："真生不在这里！"[②]我们为自己的失败而发出的这一声惊呼，上帝也应该发出过。把生命嬗变成一个更高层次的真正生命，其必要性显而易见。我们承负了此生的一

① 里尔克：《时辰祈祷书》。——原注

② 出自兰波《地狱一季》，原文为：La vraie vie est absente. Nous ne sommes pas au monde。

切经历，我们需要这个嬗变，却无法做到。祂使世间万物和生命降临，祂若愿意，就能做到。

祂怎样去做？是不是需要再创造一代既没有痛苦也没有死亡的新存在，它们不再把生命作为无上的馈赠，而是简单地作为应得之物呢？我们已经在第一沉思里看到，这样一个虚假的现实毫无价值。为了实现真正的生命秩序，上帝需要人类在这个地球上的所有经历。祂需要所有在这个世界上生活过的人，他们经历了死亡，带着饥渴、创伤和贫困，带着向真正生命无限的憧憬和向往。经受了所有未实现之爱的考验，他们的灵魂吸收了肉体和理性的禀赋。变成灵魂，他们最终自由，能够体验真正的生命。于是又一次回荡起济慈深邃的诗句："地球是生长灵魂的河谷。"

是的，宇宙间只有一个历程，我们每一个人只有一次生命，我们构成了唯一真正的生命。曾经存在过就是永恒，因为存在过属于那个至高无上的承诺："我是我将是。"

# 第五沉思[①]

① 部分诗选自以下诗集并略有修改：《托斯卡纳咏叹》（*Cantos toscans*），犹奈斯出版社，1999年；《谁来言说我们的夜晚》（*Qui dira notre nuit*）。阿尔弗伊安出版社，2003年；《冲虚之书》（*Le Livre du Vide médian*），阿尔班·米歇尔出版社，2009年修订再版。——原注

第五沉思

无尽痛苦之树，
无边欢乐之云，
时而相互示意，
在夏日的边际。

云雀穿过，
不解云言树语，
唯有黄泉留意，
流泽冥域。[1]

---

① 这首诗第一次发表于《双歌集》(*Double chant*)，海墨出版社，1993年。后收入《万有之东》(*A l'orient de tout*)，伽利玛出版社，2005年。中译参考了《万有之东》，朱静译，同济大学出版社，2007年。后文的中译均参考了这个译本。

生活过的
　　将进入梦境，
梦见过的
　　将再一次经历。

长夜不长

燃不尽落枝
　　无意，
留不住烟香
　　飘逸。[1]

① 这首诗第一次发表于《死亡的五次沉思》。

## 第五沉思

从另一个王国，回来吧
我们以为失去的一切，回来吧
默默远离的人们，
让他们无声的呐喊陪伴我们，
留下所有刺骨的创伤：
侵害和悔恨同出一体，

苦痛与甜蜜终不离弃。[①]

① 这首诗第一次发表于《托斯卡纳咏叹》，犹奈斯出版社，1999年。后收入《万有之东》，伽利玛出版社，2005年。

追随游鱼，追随飞鸟。
你若羡慕它们无牵无挂，追随它们
不要放弃。追随飞翔，追随
遨游，直至
无影无踪。只剩下湛蓝
炙热嬗变由此而生。

那是遨游、飞翔原始之欲。[1]

① 这首诗第一次发表于《托斯卡纳咏叹》。

死亡不是我们的结局，
因为更远大的
是我们的欲望，
回归原始，
生命之欲。

死亡不是我们的结局，
却让此生一切变成唯一：
那使花瓣绽放的几滴晨露，
那绘景成金的一缕阳光，
那闪电般的相视，
那如火如荼的晚秋，
那袭人无影的飘香，
那唤醒乡音的细语，
那欢呼赞美之时，
那冷清寂寞之刻，
那无尽的渴，
那无穷的饿……

忠诚的伴侣，死亡迫使我们
不断深挖自身，
收藏梦想和回忆，
在自己的深处，
挖掘通向自由之道。

死亡不是我们的结局。
它为我们标界，
示意生命
至上的追求：
给予，升华，
突破，超越。[①]

---

① 这首诗第一次发表于《真光出自真夜》(*Vraie lumière née de vraie nuit*)，雄鹿出版社，2009年。

让自身降至腐土，那里
露珠成泪珠，
清泉融鲜血，
受难的躯体找到温壤，
接纳恐惧和痛苦之泥，
让一切有终结
却从不失去。

让自身降至腐土，那里有
原始之气的承诺。
嬗变的唯一场所，在那里
恐惧和痛苦变得安详和宁静。
腐烂既是培育；结果无非发芽。
我们的选地：死亡之路通向虚无，
生的欲望通向生命。是的，奇迹发生了，
让一切都有终结，然而
让每一个终结化作新生。

让自身降至腐土，接受
成为泥土，连接
自身与世界的苦难，
沉默之声化作百鸟鸣唱，
寒霜冷骨在雪花莲中暴绽。[1]

① 这首诗第一次发表于《真光出自真夜》。

当天使招手示意，
我们得知双重王国合一，
长风纵横
席卷大地，
生死两岸同语。

未来和过去的生活，
快乐的祈愿和苦难的折磨
联结为哀悼和期待的此刻
时间停滞
潜移默化。

江河蒸腾成云，化雨
重落江河，无形中
汇成永恒回归之流，
让受伤之容和压抑之声再现，
在气和血中变形。

尚未表达和没有实现的愿望
汇入超乎期待的
洪流，化作瞬间涌泉
从此一切再生，升华
喷涌无尽。

当天使招手示意，
我们明白一切皆会降临，
发自我们，
在我们之前，不知不觉，
骤然间，我们被超越，获救。[①]

① 这首诗第一次发表于《冲虚之书》，阿尔班·米歇尔出版社，2004年（2009年修订再版）。

## 第五沉思

有时逝者依然在
更加真切地在此
在人间的谈笑中
注入庄重
那庄重
唯有他们
懂得保留
唯有他们
知道解除
真真切切地在此
他们依然保持沉默。[1]

① 这首诗第一次发表于《冲虚之书》。

记住渊底的人们，
没有火，没有灯，没有抚慰的面颊，
和救援之手……记住他们，
因为他们不会忘记童年的闪光，
青春的火花——如生命之泉
随风回荡——，记忆之主啊，

祢若忘记，哪里是他们的归宿？[①]

① 这首诗第一次发表于《托斯卡纳咏叹》。

## 致一棵树

你，恰似永不枯竭的涌泉

把绿荫气息
如波浪层层展开
蔽泽芸芸众生

有时你招手致意
那边
被钉伫立之人

那位溅血教导之人
如你一样
将永无休止地
赋予新生

给朽木①

① 这首诗第一次发表于《双歌集》。

和我们诉说
为了记住一切，
那点燃松林的闪电，
那温暖蟋蟀的泥土。

听我们诉说
让我们和你同声，
在短暂夏天的光辉里喷发，
最终奠定王国。[①]

---

① 这首诗第一次发表于《谁来言说我们的夜晚》，阿尔弗伊安出版社，2001年（2003年修订）。《死亡的五次沉思》中对六、七、八三句略作改动，并加了标点。

## 第五沉思

既然一切生命
相连，
我们服从
涌月的海潮，
涨潮的明月，
让我们生存的逝者，
让我们生存的幸存者，
渐渐消失的无助呼唤，
持续不断的无声呐喊，
被恐惧凝固的目光
惊恐之余回响起的童谣，
返而不逝，
返而沉入黑暗，
夜幕里迷失的每一颗星，
夜幕里吹干的每一滴泪，
生命的每一个夜晚，
属于唯一之夜的

## 死亡的五次沉思

每一分钟，
那里汇聚了
一切相连的生命，
没有遗忘的生命，
被征服的死亡。[1]

① 这首诗第一次发表于《谁来言说我们的夜晚》。

我们沉入深渊，
你是渊底之谜。

只要你说一个字，
我们就可以得救。

你依然沉默，
似乎彻底耳聋。

我们心肠太狠，
恐怖无极。

我们能否射出，
一丝柔和之光？

只要我们说一个字，
你就可以得救。

我们依然沉默，
彻底耳聋。

你沉入深渊，
我们是渊底之谜。[1]

① 这首诗第一次发表于《真光出自真夜》。

时候到了，主啊，

审视生命

随祢所愿，而非由我们自己。

陪伴我们直到尽头吧

拯救一切真金。

然而，我们丢失的主啊，

祢会否按时来到？[1]

[1] 这首诗第一次发表于《托斯卡纳咏叹》。

## 死亡的五次沉思

夜，光亮之母，
光由她怀中孕生。

那是血，那是奶，
那是肉体被撕裂，

那是温馨之道，
那是痛苦之道，

那是安然赴死，
然而不断再生，

那是最后一闪，
却始终是

　　　　第一次喷发。①

① 这首诗第一次发表于《谁来言说我们的夜晚》。《死亡的五次沉思》新加第五、六两句，第一句中lumières（光）作复数，并加了标点。

是的，我们依然要颂扬
　　和祢一样
颂扬那迸发于
我们之间，朝向大开放的生命
创伤的肉体之间，记忆的呼唤
斑斑的血迹之间，正义的呐喊
这是唯一的真理之道
　　让我们向受难和死去者致敬。

每一人都是有限
无限发生在我们之间
　　不可期遇和等待
颂扬超越欲望，超越自我
这是唯一的真理之道
　　让我们坚守最初的承诺
颂扬果实，超越果实
　　是无穷的滋味

颂扬话语，超越话语
　　是无尽的共鸣

颂扬重新命名之朝
颂扬相视一瞥之夕
颂扬枯面黑夜
垂死的人们无所期盼
　　却把所有等待寄托于我们
我们心中永驻
化作祭奠
这是唯一生生不息之道
　　掌心大开。[①]

① 这首诗第一次发表于《冲虚之书》。

黄鹂骤停鸣啼，
山涧充满死寂。
水柱跌落崖巅，
冲破重重石岩；
幽谷静听回音，
远古心跳阵阵。[①]

① 这首诗第一次发表于《双歌集》。

这条小路
　　我们夜间曾经走过
你继续将它延伸
　　我目光之子
在森林的尽头
　　或许有一汪湖水静躺
或许是一片沙滩
　　随浪潮游荡

这条星光交错的小路
　　你继续将它延伸
哪怕风吹雨露
　　我记忆之子
秋天在那里
　　埋藏了它的秘密
时间随你漂流
　　鸿雁嘶鸣[1]

① 这首诗第一次发表于《谁来言说我们的夜晚》。《死亡的五次沉思》中把chemin（道路）改为sentier（小路）。

# 莱里奇挽歌

——悼雪莱[①]

我们终于在此相聚。因为
我从未忘记你遥远的呼唤，
那呼唤飞越汹涌的波涛，
有一天传到中国
一个山谷深处……啊，奇迹
命运！我来了，在这里
你与世永别之地，你的声音
骤然贴心贴体：阳光

① 这首诗第一次发表于《诗歌》(*Poésie*)杂志，2011年，第134期。程抱一先生曾附如下说明："1821年，雪莱偕同妻子玛丽，在一对友人及其孩子们的陪伴下，从比萨迁居莱里奇。莱里奇地处拉斯佩齐亚海岸的中心，是一个曲线柔美的幽静港湾。他们在一所宽敞的豪宅里住下。这所宅子通体白色，背靠郁郁葱葱的小山坡，面朝大海，至今完好无损。1822年7月，诗人和一位朋友驾船出海去维亚雷焦，不幸骤遇风暴，船毁人亡。在妻子玛丽、好友拜伦和其他友人及当地渔民的默祷中，雪莱的尸体在海滩上伴着波涛声被焚化。地中海在给予他那么多闪光的时刻之后，最终夺去了他的生命。"

灼热依旧，私语窃窃，安宁。
是的，我们在此相聚，我越过
空间的阻隔、时间的周转，
你几经漂流，在此留下
独一无二的印记。洁白
诗歌的圣殿，依山
临海。洁白
嬗变中永恒：
那是落日烈焰托起的冠冕，
那是璀璨浩夜拥抱的一颗巨星。

*

黑夜、黑夜，无际的黑暗。她知道
几多光明的奥秘？她如何预示
太阳和地球的未来？还有你，
你看见了什么，诗之骄子，
我们荒唐历险的探路人？
尘埃里的尘埃？
虚荣中的虚荣？

徒劳吗，我们俯视深渊？
徒劳吗，我们仰望巅峰？
徒劳吗，我们对暴君的抗议，
对人类残忍的惊愕？
徒劳吗，即使我们从气韵循环中
窃取瞬间的狂喜？
大地之外哪里还有家园？
我们的星球以外哪里还有地狱？

*

噢，诉说你的感悟吧！
请告诉我们，人类残忍的陷阱有多深？
是否已掘至不测深渊？
遗忘，已不可能，
即使死亡，也不能抹去记忆吗？
你上下求索，葬身于
疯狂的巨浪，那狂澜，
发自这颗独一无二的地球，
请告诉我们，它的沉浮。

*

无极宇宙中封闭的炼狱?
邪恶精灵为所欲为的实验场所?
我们的地球，黑色的灾星!
两个世纪前，你曾经想象过怎样的画面?
斗兽场的欢呼声中，
雄狮把鲜活的肉体撕成碎片;
酷刑室的炙铁，火刑柱的烈焰，
肉体在嘶喊中，
化作尘烟;
战场上，还是那活生生的肉体，
在刀剑下化作尸骨，弃飨乌鸦。
人类行进不止，
的确，然而过多地走向恐怖。
继你之后，我们见证了:
孕妇被剖，眼看自己的婴儿被抛落，
壮丁被逼，挖掘活埋自己的深坑，
更有无数生灵，

一任现代饕餮蹂躏，
集束弹，中子弹……不断完善，
化学武器，细菌武器……精益求精，
运送禽畜的车厢，把人性搅拌殆尽，
制造死亡的工厂，使灵肉化成灰烬。
尘埃里的尘埃，虚荣中的虚荣?
我们还能够遗忘吗?
死亡还能让我们解脱吗?
我们是苦役者的子孙，
我们是殉难者的后代!
先辈的饥渴我们感受，
先辈的呜咽我们忍吞。
因为先辈，我们呼吸春夏，
因为先辈，我们在生存，
寻觅或许被埋没的美玉。

*

让我们不厌其烦地追问吧:
人类已经被至恶侵蚀，

这个发自人类机智而无法遏止的恶，
怎能厚颜自诩万物的准绳？这难道不恰是
窒息生命的绞绳么？
是时候了吧？
人类能否重新变得善良，
回归初衷，和畅天地？
先贤们早已明白，
天地万物的降临原本就是荣耀。
是时候了吧，人类会否重新赞美
这不可思议的馈赠？
普罗米修斯圣火不熄，[①]
基督之道永远敞开。

*

是的，觅回已经失去的珍宝。
揭示赤裸裸的真理，接受确实的美。

---

① 雪莱在诗剧《解放的普罗米修斯》中讴歌了自由、爱情和善的完美。

你是爱丽尔[①]，你是云雀[②]。
你是落难的天使，还是生就的精灵？
是对过去的眷恋，还是对未来的预言？[③]
超越人类的理性，
你是否与一首千古绝唱共鸣？
胜于盗火，
你带来光亮之星。
头戴矿灯，你成为，
捕捉世间魔幻的猎手：
苍穹繁星映照遍野的杜鹃花，
女性的柔美融入山峦的起伏，
湖面的水雾升空成云，

① 爱丽尔是莎士比亚剧作《暴风雨》中的精灵，能呼风唤雨。他帮助主人翁普洛斯彼洛公爵发起暴风雨，使仇人的船撞礁落难。雪莱曾经把自己定制的帆船“唐璜号”称作“爱丽尔”。他在1822年7月出海遇难，当天驾驶的就是“爱丽尔”。

② 《云雀颂》是雪莱诗中的名篇，欢快、壮美，充满了对自由幸福的向往。

③ 典出《西风颂》：

让预言的喇叭通过我的嘴唇
把昏睡的大地唤醒吧！
西风呵
冬天已经来了，春天还会遥远吗？

孩童的嬉笑化作情人的微笑，
热烈地追逐一张太遥远的面庞，
一个吻止住喃喃的渴望……
当你逐渐领悟了哀痛，
又时常被另一种美震惊：
面对无情利剑尊严的目光，
在温柔的手中，受尽蹂躏的躯体再生。

*

无名大地的奇异允诺！
你，自由的精神，几经漂泊，
流落到地球的这个角落，
亚平宁山脉的巅峰。
一望无际的地中海展示在你眼前，
那是魂系梦牵的坟冢–摇篮。
你全神贯注地沉思，
从中揣测沉睡的神灵，于是你高歌：
“祝福此时此地，
祝福我们承载感受的肉体。

## 第五沉思

在无穷璀璨星空的哪一个角落，
发生了瞬间闪光？
那闪光发自微小心脏的一搏，
就在盛夏午后一刻……
祝福奇迹触发。
发生了！这个不确然而又无可争议的生命，
一次性的——也即永恒的——馈赠。
光亮降临在这个原始的地方，
更新不止。从乌黑的暗影中，
闪烁出金黄和宝石蓝。升腾，
那是地皮和百草的气息破腐土而出，
让岩浆未熄的灼石变得温和。展开，
潜藏的欲望轰鸣嗡嗡。
偶然聚集的每一个生命，
都是唯一，都是降临，
展示美的必然一刻。
啊，值得庆贺的结合：
盘根错节，薄雾缭绕，
黄鹂短歌，瀑布长流！

——那是谁，无影无踪？
他倾听和注视着降生。
——这里，在这里，
鹿腾处，花香同蜂巢弥散，
杉梢头，精灵乘海风翱翔云间……”

*

往下，再往下，海湾悄然展开
双臂深情地示意。
你在内心深处听到，
海浪的声音：“苦难的灵魂呵，歇息吧，
住下吧，这里是你的居所。
因为，只要你问心无愧，
这里的一切都为了你的梦而在。”
你顺从地起身下山，走向海湾，
走向你的归宿，
它将永远是现在。
啊！来吧，黎明，波光粼粼大海，
在等待；你在世界的早晨，

被朝霞涌进海浪。
来吧，落日，驯服的大海，
在奉献；你冲进海浪，
投身世外的缤纷灿烂。
满月下，恋爱的女人
变成海洋；一叶扁舟荡漾着
你的话语，让痴迷的灵魂陶醉。
神的居所？人的居所！你在此
和渔夫们同欢笑，共洒泪，
盛日下，你从未忘记
故乡受苦的人们，
他们潮湿的小街，霉烂的牢狱……
然而怎能否认美发生了？
再也不能让她放弃自己的辉煌。
美的升华不止；我们自身的改变不息，
尘埃里的尘埃，虚荣中的虚荣？
无法平息的不安从哪里来？
挥之不去的惊恐从哪里来？
丢失在广宇中的一粒尘埃，

在闪光的瞬间造就了人类，
什么奇迹让这粒尘埃看见，听见，动情，
用语言交流，
为抗争、迷茫和赞美而引吭长歌？
歌唱，就是这样！歌唱不是共鸣吗？
若非存在，还有别的共鸣吗？
歌唱，真正地歌唱，那就是，
升向存在不断的呼唤，就是在。
我们是天地间跳动的心脏、明静的眼睛，
这难道是偶然吗？
我们对存在呼唤回应，随元气升华，
不断高远而清澈，
充满了无尽的欲望，
直到永恒的疆界。

*

神的居所？人的居所！是啊，
真美就是荣耀，
它将永远灿烂，

永不衰落。唯有我们，
执迷的追寻者，终将消亡。
你身在化境，洞视世界：
虽然大海可以平息，
让陆地谦卑地领受它的善意，
但是，大海丝毫没有放弃
暴风雨的力量。人类
要把握分寸；人类
要学会领受微薄，简朴和唯一。
苦难之道通向内心的鸣道，
悔恨揪肠触发肺腑呐喊。
一个年轻的生命曾经因你而死，①
你也曾为挚友之死洒泪赋诗，②于是你明白：
你咏成奥菲之歌。
无论终极的撕裂有多么暴烈，
无论终极的考验多么令人毛骨悚然，
猝然就死，在你看来，

① 雪莱的第一位妻子哈丽特·威斯布鲁克于1816年冬天投河自尽，年仅21岁。

② 济慈于1821年因患肺结核去世，雪莱写下《阿多尼斯》，抒发对朋友的悼念。

不过是公平合理的结局。

*

“我躺在干柴上，四肢僵硬，
头发湿漉，弥散着沙藻的气息。
亲爱的朋友们啊，你们聚拢在我身边，
不要害怕，不要悲伤，
不要被泪水淹没。
让这具尸体被火吞噬。
我们身负的欲望，
是否比我们自身更大？让它
回归原始的大欲，光明
发生的地方。让我的火焰
腾空吧，撕开夜幕，
那夜空热情敞开了，
万物变形的银河大道。”

路过之处，别留下
肉体珍宝
理性天赋
只需留下几丝足迹

一日长风吹过
随着你的气韵感应
你的沉默，你的呼喊
最终指明你的路[1]

---

① 这首诗第一次发表于《冲虚之书》。

# 译后记：死亡的生命意义

《死亡的五次沉思》不是一部学术论著。程抱一说，他不是在开讲座，而是在朋友们的陪伴下进行沉思，“小心翼翼地探索前进，力图使自己尽可能地贴近真实”。这里所说的“真实”，并非指黑格尔式的绝对真理，或某种宗教意义上的信仰甚或教条，而是指毕其一生的经历和思考，尽可能地贴近自己对死亡的感受或感应。他在说这句话时已经年逾八十四岁，在文学创作上已经跻身法国当今诗坛之最，成为“存在诗人”的杰出代表；在生活上经历了许多坎坷，而且由于高龄，有过多次在病榻前与好友诀别的悲痛经历。所以，听这样一位老人以切身经历和感受谈论“死亡”——这个通常被避免、遭忌讳的话题——是一个非常难得的机会。

“死亡”这个话题的特殊性，以及在朋友们的陪伴下，通过交谈的方式阐述自己的沉思，这些特点都使《死亡的五次沉思》成为程抱一最具个性化的著作之一。正如法文出版者在前言中所说的那样，读者可以通过阅读参与交谈，成为被作者称为“亲爱的朋友”的一员。的确，“交谈”就是阅读本书最恰当的方法和姿态。读者在与作者的“交谈”中获得启示，引发自己对死亡问题的感受和思考。所以不言而喻，翻译的过程，也是与作者“交谈”的过程。更兼译者有幸多次和作者促膝而谈，或者在电话中直接向他请教一些疑问，所以值此中译本出版之际，谈一些心得和读者分享、“交谈”。

本书的副标题“换言之，生命的沉思”非常明确地告诉读者，沉思死亡的最终目的是探究生命的意义。所以，程抱一在“第一沉思”开篇就直接申明自己“属于坚信生命秩序的那一部分人”。生命的意义，这是一个古今中外被无数文人学者和艺术家，用哲学、文学、诗歌、艺术等各种方式和语言探讨过的问题。程抱一的独到之处恰恰在于，从死亡这个看似生命的对立面或者说否定生命的角度探讨生命的意义。所以，他在“第一沉思”里提出的观点的转变具有至关重要的意义，是进入整个沉思的钥匙："与其从生命的这一边把死亡作为一个可怕的怪物来揣度，不如从死亡的那一边出发去面对生命。"为了方便表述，译者曾经在《说灵魂》中译本序中，把这个观点的转变概括为："与其由生向死，不如由死向生"。①

纵观程抱一的诗歌创作和著述，我们大致可以从四个方面概括这个观点转变的思想根源。

首先来自母语文化，这一点是中国读者比较熟悉且容易理解的。程抱一不只一次强调，他关于生命的思考深受中国传统文化尤其是道家大道不息的思想影响。他坚信大道"周行而不殆"，宇宙只有一个历程，就是生生不息的生命之道。程抱一在《美的五次沉思》《死亡的五次沉思》和《说灵魂》等著作中，都谈到了中国道家思想对天地万物依循大道有机地相辅相联，从无到有又从有复归于无的循环往复的观点。他认为不是把有和无对立，而是在运动和变化中把握它们之间的转化，这是对生命之本的大感悟。不仅如此，"人法地，地法天，

① 参阅程抱一：《说灵魂》，裴程译，商务印书馆，2021年。

天法道，道法自然”的观点，向我们启示了存在的层次性，“从一个层次到另一个层次，发生着垂直的上升运动，这就是道的法则，它在开放、超越、转化和蜕变等一系列要求的支配下运行”。[①]在这个母语文化关于生命与万物相连的感悟基础上，程抱一非常明确地把道家所说的“无”和虚无主义的“虚无”区分开来。“同样我们也说‘无’，不同的是，在我们看来‘无’意味着一切。所以，我们要借用道家鼻祖老子的一句话：‘天下万物生于有，有生于无。’”

程抱一思想的另一个重要根源就是基督教。尽管程抱一接受了洗礼，而且选择了弗朗索瓦作为自己的法文名字，以表示对圣方济各的崇敬，但是他从未自称“皈依”基督教，而是说自己赞同或拥抱“基督之道”。他所说的“基督之道”的核心，就是耶稣基督的所作所为体现出来的“人之神性”，揭示了人类命运与神相连。他称耶稣受难为世间最美的壮举，证明绝对的爱是可能的，那就是人类超越自身，与神共体。程抱一认为，赞

① 参阅《说灵魂》，第149页。

同"基督之道"并不与其源于道家感悟的宇宙观相矛盾。相反，"基督之道"使他更切身感到宇宙大道的具体性，即所谓的"道成肉身"，"感到自己和生命宇宙的肌肤之亲"，大大加深了对生命的理解。所以，程抱一认为耶稣受难死后复活升天，体现了生命需要死亡而实现嬗变，在另一个更高的层次继续，加入宇宙大道的生命历程。[①]因此，他对基督之道的接受超出通常宗教信仰的意义，与道家思想相结合，转化为自己独特的宇宙观，成为他思考生命之本的基础。

奥菲神话及其蕴含的哲理，是对程抱一思想，尤其是对其诗歌创作思想影响极深的另一个根源。他曾经把奥菲神话和禅并列为自己诗歌创作的两大基石。奥菲是古希腊神话中最杰出的诗人。他是色雷斯国王奥戈尔和一个缪斯女神的儿子。阿波罗把自己的竖琴送给他。众缪斯教他弹唱。他的歌声能使猛兽俯首、树木起舞、顽石点头。奥菲的妻子欧律狄刻不慎被毒蛇噬死。他不堪

---

① 程抱一曾经在2007年获得巴黎天主教学会名誉博士仪式的讲演中，第一次直接谈到基督教思想对自己的影响。讲演发表于该学会杂志《跨越》(*Transversalité*)，2008年，第一季度刊第105期，第167—169页。

悲痛，勇闯阴世，用优美的歌声打动了阴间鬼神。冥王同意他把妻子带回人间，唯一的条件是：在见天光之前，不许看她。奥菲就在快回到人世的一瞬间，忍不住回头看了一眼妻子，从此欧律狄刻便永远消失在阴间。奥菲经此出生入死的磨砺，给世间带回了新的知识和力量，那就是联系生和死，在可见事物之外去洞察永恒的、往返于生死之间的对应关系。[①]法国当代著名诗人安德烈·维尔特在程抱一诗集《万有之东》的序中，赞誉程抱一为“来自异乡的奥菲”。所以提出“由死向生”的观点，与诗人要求通过诗歌创作提出一种“新的认知和存在的可能性”[②]是一脉相承的。在“第五沉思”中，程抱一索性借助诗的语言“超越死亡”。

最后，探讨“由死向生”观点形成的思想根源，就不能不提到里尔克。如果要举一个对程抱一影响最深的诗人，那么一定是里尔克。程抱一早年在台湾的《欧洲杂志》和《纯文学》杂志上发表过三篇以书信形式评论

① 参阅文章《美是相遇：阅读程抱一的中西对话》。

② 原话出自《对话：倾注于法语的激情》(*Dialogue, une passion pour la langue française*)，德克雷·德·布鲁瓦出版社-上海文艺出版社，2002年版，第10页。

里尔克诗作的文章。2012年人民文学出版社将这三封信收集在一起，又加入作者写的引言和跋，出版了《与友人谈里尔克》。里尔克一生探索的中心问题就是死亡，并通过诗的语言展示自己对生死问题的思考。他认为每一个人都有属于自己的死，死亡如同果实一样属于生命之树的必然，因此不能被排除在生命之外。正是在这个意义上，真正的生命应该是一种“大开”，包含了生和死两端，他称此为“双重王国”。程抱一认为，里尔克虽然没有读过老庄，但是他对生命真谛的思考很接近道家的感悟。

通常人们总是从“生命的这一边出发”，把死亡理解为生命的极限。程抱一完全认同里尔克的观点，认为排除死亡的生命意识是封闭的。如果我们“从死亡的那一边去面对生命”，就是把死亡作为生命的一个部分，或者说是生命的一个阶段。这样的生命视野是开放的（即“大开”）。生命不止于死，而是通过死亡实现自身的全部意义。沉思至此，读者——或者更确切地说“交谈者”——就会自然而然地提出如下疑问：如果生命的全部意义是通过死亡来实现，那么“由死向生”涉及的是否是死后的生命？这与通常宗教意义上的“灵魂不死”甚或“来世说”有什么区别？程抱一坦然承认：“关于这个问题，不要以为我会像法官一样给出一个判决式的答复。其实，没有人能给出这样的答复，道理很简单：生命本身是一个演变的历程。”

这里又涉及与程抱一“交谈”死亡的另一个关键概念。其实，“死亡的那一边”并非指死亡本身，没有人从“死亡的那一边”回来告诉我们什么是“死后的生命”。程抱一所探讨的是“死亡的意识”：“我说的是死亡的意识而非死亡本身。你们一定明白这个区别，我绝不是在为死亡唱赞歌。相反，我们要更清醒地担当生命，充实地生活。”死亡的意识一下子把死亡拉得离我们很近，它不再是一个“遥远的未来”，一个谁也无法确定的时刻。相反，“在一个随机的、充满不确定性的世界里，我们只有一个绝对的确定性：我们每一个人都会有死亡的那一天”。这个死亡的绝对确定性，并不是指生理学意义上的新陈代谢，而是指死亡意识无时不在我们的生命之中，“恰恰是对死亡的意识使我们视生命为至宝，把生命的降临当作世间任何事物都不可取代的唯一历程”。可见，从“由生向死”到“由死向生”的观点转变，使死亡的意识走出悲剧性的忧郁或恐惧，变成一种积极的向往生命的动力，它给每一个独一的个体注入了价值的意义，使生命获得了超越性，即神性。

是的，死亡不仅不降低生命的价值，把生命排除在神性之外，反而包含了死亡的生命与神性相连。这个命题看似矛盾，因为自古以来，人们总是把死亡视为人与神之间不可逾越的界限。人之所以为人，因为不能永生。所谓“成仙”或“成神”的祈愿无非就是要摆脱死亡的命运。然而，如果我们接受程抱一的观点转变，随着他的沉思进入“大开”的“双重王国”，超越就不再是一个遥远的、不可知的未来。他所讨论的“由死向生”，绝非指死亡之后的“另一个世界”，或所谓“死后的某个状态”，而是指生命存在的每时每刻。把超越从一个不确定的、遥远的“彼岸世界”重新注入我们每一个个体的现实生存，这实际上就是对生命提出了一个相当高的、神圣的要求。正是在这个意义上，程抱一说：“生命不属于我们，我们属于生命。”人性的价值恰恰在于向超越死亡的崇高境界的努力。他从这个意义上，融合“道成肉身”的基督之道和中国传统的“天命”思想，由死亡意识出发，形成自己对生命意义的独特理解。所以，在程抱一的沉思中，超越不是一个抽象的形而上学问题，更不是虚玄的神秘主义命题。这是一种非常具体而现实的生命态度，要求每一个独一的生命，用自己短暂的一生，投入永恒的生命大道。他不只一次指出，宇宙间只有一个历程，就是生命。这个生命由无数具体而独一的个体组成。“我们每一个人只有一次生命，我们构成了唯一真正的生命。”所以他赞同扬科列维奇说过的一句名言：“生命是短暂的，但是活过短暂的生命这一经历却是永恒的事实。”换言之，永恒之所以可能，是因为它包含了无数短暂的生命。

既然我们都秉承“天命”，“属于生命”，那么我们来到这个世界，哪怕是极短暂的一生，我们看到了，而且知道自己看到了，这绝非偶然。这是程抱一始终坚守的一个信念。从某种意义上说，沉思死亡就是要见证生命的绝对性。他很早就提出：人是宇宙睁开的眼睛和跳动的心脏。在《死亡的五次沉思》中他进一步指出：“哪里有一只睁开的眼、一颗跳动的心，哪里就是

[宇宙的]中心。"[1]既然人处于生命历程的中心，并且人的生命不是偶然，而是生命大道之必然，那么我们在这个宇宙的唯一历程中扮演什么样的角色，处于什么地位呢？死亡使我们的超越成为可能，我们在死亡意识的支配下，进入与神的对话和交流，因此，我们处于与"上帝对话的位置"。换言之，上帝（或造物主）需要我们来实现生命的历程。于是，程抱一建议读者或"交谈者"随他一起，做第二个观点的转折："与其总是站在造物主的对面像叛逆者或祈求者一样揣度祂，不如站在造物主这一边，看看祂能做什么。"这的确是一个大胆而奇特的观点转变，它要求我们不是"自下而上"地仰视造物主，而是站在造物主的角度"自上而下"地俯视生命。那么，我们看到了什么？

首先，生命是一个巨大的、毫无保留的馈赠，也即圣爱。如前文所说，程抱一坚信生命是宇宙间唯一的历程，摒弃生命的出现纯属偶然的观点。生命是圣爱的最高体现。在此，圣爱和天道合一，"属于生命"

① 方括号中的内容系译者所加。

也就是回归“生生不息”的天道。既然是毫无保留的馈赠，造物主就不可能一点一滴地“施舍”，并不断地“修改”或“补充”。换言之，圣爱是完全彻底的一次性给予，一旦付出，就无法干预。生命如同一粒种子，从一开始就包含了实现自身的一切可能性。这个本体论的观点上升到人类生命的价值意义就是自由。造物主赋予人类一切自由。正因为自由，善恶的选择才具有价值的意义。恰如卢梭在《一个萨瓦牧师的信仰自白》中所阐述的那样，上帝给人完全的自由，恶不属于“天意”，而是自由的选择。恰恰因为人有行恶的可能，行善才具有高尚的道德意义。于是有人会问：能否请上帝收回自由，制造一个只能行善的世界？卢梭的回答是：“不，上帝啊，我绝对不会抱怨你把我造得和你一样自由。”善如果不是一种自由的选择，就没有任何价值可言。而死亡，恰恰是这个选择的极限。有人为善而献身。程抱一认为，耶稣受难，就是绝对之爱的见证：“有一天，我们之中的一人站出来，走向生命的极限，用自己的生命担负起人类所有的苦难，从而使最底层、最受苦难折磨的人能够在他身上找到认同和温暖。”但是，也有人把死亡当作行恶的工具。程抱一认为，一旦死亡被用来残害生命，死亡作为“大开”的生命向神圣超越的必要条件也就不复存在。从这个意义上说，“死亡被杀害了”。

于是我们跟随程抱一观点的转变，“自上而下”地发现：造物主实际上很“脆弱”，面对自由的人，造物主“无计可施”，只能保持沉默。他非但不能帮助我们，反而需要我们的一切经历来完成宇宙——生命的历程。“不是你能帮助我们，而是我们能帮助你。”帮助造物主完成宇宙——生命的历程，这就是人之神性的最高体现，也就是从死亡出发对生命意义的最高理想和追求。由此看来，我们不仅仅是宇宙“睁开的眼睛”和“跳动的心脏”，我们不仅仅是生命进程的见证，而且是生命历程的目的。因为我们的存在，大千世界才不会成为一个纯粹的偶然或机械的重复。生命之眼虽然短暂而渺小，但是它改变了宇宙存在的意义，也即生命的意义。这是程抱一在《死亡的五次沉思》中对生命意义认识的又一次提升。“交谈”至此，我们又随沉思回到超越的现实意义：我们属于生命，然而生命历程并不是一个脱离个体的“超生命”。所谓“真生不在这里”，绝非指我之外另有一个脱离个体生命的“真生”，而是指，真生需要无数个体生命来实践构成。永恒的真生，需要在无数有限的生命中实现。于是，死亡不仅不限定生命，而且是生命超越的必要条件。所以，“上帝需要人类在这个地球上的所有经历。祂需要所有在这个世界上生活过的人，他们经历了死亡，带着饥渴、创伤和贫困，带着向真正生命无限的憧憬和向往。经受了所有未实现之爱的考验，他们的灵魂吸收了肉体和理性的禀赋。变成灵魂，他们最终自由，能够体验真正的生命。”

只有灵魂才能体验真正的生命，换言之，超越的最高境界，只有依靠灵魂。“灵魂”是程抱一思想的中心问题。他的晚期三部重要著作《美的五次沉思》《死亡的五次沉思》和《说灵魂》，实际上构成了走向灵魂之路的三部曲。程抱一认为，人之存在有三个基本因素：肉体、理性和灵魂。而在近现代理性主义思想的主导下，人们似乎忽略甚至遗忘了灵魂的重要性，至多把它归入理性的边缘。长期以来，法国理论界很少涉及灵魂，偶有谈论，也难免被视为“俗气”而遭到

"伏尔泰式的冷笑"。[1]但程抱一反其道而行之。他认为，人的精神存在不能简单地用理性来统括。诚然，理性是人类的共性，是人与人之间交流和理解、达到知识进步和积累的基础。但是，在精神生活中，还有一个无法完全用理性解释的、丰富的内在世界：情感、欲望、共鸣、意愿、冲动，等等。这些都属于灵魂的范畴。所以，程抱一认为，灵魂构成每一个人最内在、最隐蔽、最个性化的因素。灵魂之间的交流或对话，不靠推理，只能依靠"共鸣"，即超越理性的体验和共体——也就是个体在更高层次与一个超越自身的生命大道共鸣。审美，就属于这一类"共鸣"和"体验"的领域。所以，"走向灵魂之路"从《美的五次沉思》起步。《死亡的五次沉思》又在这条路上，也即向"真生"的超越迈进了一步。

必须再一次提醒：在程抱一那里，超越不发生在"身后"，"真生"也不是一个虚无飘渺的"彼岸"或

---

① 伏尔泰在学术上对异己之见颇为苛刻，因此"伏尔泰式的冷笑"往往指在学术和文化领域某种居高临下、不屑一顾或嗤之以鼻的傲慢。参阅《说灵魂》第一封信，及该书第5页注①。

"来世"。所以"灵魂"在程抱一那里是一个非常现实而具体的问题。他结合基督教"道成肉身"的原则和中国传统思想的"精气神"三元论观点，提出了独特的"肉性灵魂"概念。他认为，灵魂不是一种脱离肉体而虚无飘渺的超验存在。灵魂存在于肉体之中，通过肉体显现并实现它的独一性和同一性。所以，谈论灵魂，必须与我们现实的肉体存在相结合。只有承担了肉体的一切实在的条件，才能实现灵魂的超越。所谓"不是上帝能帮助我们，而是我们能帮助上帝"就是这个意思。这里的"上帝"或"神"与宇宙生命之大道是同一的，它实现于每一个生命的善与恶、快乐与痛苦、幸福与悲哀、美与丑等经历中。

灵魂问题是程抱一"走向灵魂之路"的终极思考，《死亡的五次沉思》出版三年后，他以给友人七封书信的形式在《说灵魂》中专门阐述了自己的观点。在《死亡的五次沉思》中，他围绕生和死的问题，和"交谈者"一步一步地"贴近"灵魂，非常真诚地谈了"与灵魂以及灵魂共体相关的一些特殊经历"，并坦率地承认这些经历使他"感触很深"。这些"特殊经历"的讲述，无疑是全书最具个人情感而又超越个人情感的文字。由于这些讲述涉及“灵魂和灵魂”的共鸣，所以有时会显得神秘；但都是他亲身的经历，所以又非常具体。在“诗人海湾”莱里奇与雪莱的“相聚”；在赛西莉亚·章的琴声中听见乃父的“通奏低音”，如“百合有朝一日绽放为里拉”；面对加缪之死从内心发出“他不在那儿”的呐喊，坚信一个高尚的精神不会瞬间化作一堆碎片。通过这些“特殊经历”的讲述，程抱一要传递一个信息：在每一个独一的个体生命之外，有一个更大的生命，我们的一切经历，都成为这个大生命历程的一部分。只要我们保持“大开”的“双重王国”的生命境界，就能实现超越，感悟到“灵魂与灵魂”的共鸣。这就是内在于我们每一个生命的神性，也即死亡沉思揭示的生命之最高意义。

如上所述，程抱一沉思死亡的目的不在于说服，而在于交谈。他希望把自己“由死向生”“自上而下”的观点和方法与“交谈者”分享。然而这种触及生死问题、直面生命本质的交谈之最高境界，必然超越理性层面的论述，进入“灵魂与灵魂”的对话。作为诗人，程抱一自然要寄托于诗，希望通过诗歌进一步转达自己对死亡和生命的思考，从而引起读者的感应，以至共鸣。因此，程抱一在以往发表过的诗集里挑选了二十首他认为最贴近自己关于死亡沉思的诗，组成了“第五沉思”。阅读“第五沉思”，实际上就是读者随作者一起进行超越的尝试和努力。既然程抱一接受里尔克的生存观，认为“歌唱就是存在”，于是他不仅把存在问题置于自己诗作的中心，而且把作诗视为自己最真实的存在。

裴程

2022年6月

**图书在版编目（CIP）数据**

死亡的五次沉思：换言之，生命的沉思 /（法）程抱一著；裴程译 .—北京：商务印书馆，2024（2025.9 重印）
ISBN 978-7-100-23441-2

Ⅰ. ①死…　Ⅱ. ①程… ②裴…　Ⅲ. ①生命哲学—通俗读物　Ⅳ. ① B083-49

中国国家版本馆 CIP 数据核字（2024）第 044997 号



**死亡的五次沉思**
换言之，生命的沉思
〔法〕程抱一　著
裴程　译

商　务　印　书　馆　出　版
（北京王府井大街 36 号　邮政编码 100710）
商　务　印　书　馆　发　行
北京中科印刷有限公司印刷
ISBN 978 - 7 - 100 - 23441 - 2

2024 年 5 月第 1 版　　开本 850 × 1168　1/32
2025 年 9 月北京第 3 次印刷　　印张 5⅞

定价：34.00 元